# EL
# ILUSTRE
# PIGMEO

Roberto Gómez Junco

© Roberto Gómez Junco Livas, 2018

Todos los derechos reservados.

Titulo – El ilustre pigmeo

Diseño de Portada - Rodrigo Gómez Junco González

No se permite la reproducción total o parcial de este libro ni su incorporación a un sistema informático, ni su transmisión en cualquier forma o por cualquier medio, sea electrónico, mecánico, por fotocopia, por grabación u otros métodos sin el permiso previo y por escrito del titular del copyright.

ISBN: 9781719939133

# EL ILUSTRE PIGMEO

ROBERTO GÓMEZ JUNCO

*Cada vida es una historia, y tanto la de un poeta muy famoso en su tiempo y en su lugar, como las de dos futbolistas nacidos noventa años después de él, sirven para demostrar que se puede convivir con la literatura y el fútbol, y ser feliz en esa convivencia.*

*El poeta, inexorablemente sepultado en el olvido del tiempo, pero con su memoria en parte recuperada por su bisnieto, uno de esos exfutbolistas.*

*Dentro de veinte años, o cincuenta, o cien... ¿en qué memoria quedará la nuestra?*

Roberto Gómez Junco

# Prólogo

Roberto Gómez Junco, el exponente que tiene México de la comunión entre futbol y literatura, traslada la proverbial claridad de ideas que muestra en la televisión a las páginas de este libro, escrito con profunda admiración y sabroso estilo, para descubrirnos a Celedonio Junco dela Vega, extraordinario personaje del mundo cultural mexicano, amo del ingenio y la palabra, la rima y la poesía.

Roberto intercala rasgos biográficos y vivenciales de su bisabuelo con recuerdos y reflexiones futboleras de mucha miga. La baja estatura de aquel señor bondadoso y entrañable era inversamente proporcional a su vitola intelectual, a su dimensión de sabio de la vida.

Ajeno a la polémica insulsa, siempre un paso adelante del simple comentario del juego -el futbol es más que veintidós pares de piernas adivinando hipnóticos rebotes-, aportador de un concepto en cada comentario, certero emisor de mensajes a través de la flecha directa de la concisión, Gómez Junco logra que balompié y literatura convivan, armonicen, se complementen y tengan cosas en común, dentro de un delicioso relato con agudos diálogos entreverados.

Bato palmas por Don Cele y su bisnieto, que aquí se acompañan para realizar una brillante jugada sobre la grama de la inteligencia.

Heriberto Murrieta

# EL ILUSTRE PIGMEO

# I

Regresé a Monterrey para preguntar por Celedonio. O volví para seguir jugando futbol, pero también para aprovechar ese regreso y preguntar por él, para recoger testimonios más cercanos sobre la vida de este personaje tan atractivo para mí, de quien tantas cosas me había contado mi padre.

Sabía que gran parte de su larga y productiva vida, casi 60 de sus 84 años, la había vivido en tierra regiomontana después de haber nacido en Matamoros el 23 de octubre de 1863, y de pasarse ahí sus primeros 25 calurosos veranos.

Conocía varios de sus versos, de sus sonetos y epigramas, pero poco de su persona; y me interesaba conocer mucho más.

Abrigando esas intenciones, además de las futboleras, apasionantes para mí, volví a mi ciudad natal después de ocho años de vivir en México y de haber empezado a jugar profesionalmente allá.

A los dos días de haber llegado, de mi regreso al terruño y lugar de residencia durante mi infancia, me presenté al entrenamiento con mi nuevo equipo. Y en un lugar de la cancha de cuyo nombre nunca podré olvidarme, me topé por primera vez con quien después se convertiría en uno de mis mejores amigos.

Un amigo de ésos tan comunes en el futbol, a quienes siempre consideras cercanos aunque no los veas durante varios años, con quienes nunca dejas de compartir ciertos códigos, determinado lenguaje, tipo de comunicación y sobreentendidos inherentes al gremio.

Un jugadorazo cuyo principal defecto, o acaso virtud, consistía en creerse mucho mejor de lo que realmente era.

A través de los días la amistad con él fue floreciendo, en gran parte porque compartíamos en nuestro bagaje de inquietudes no sólo el arraigado gusto por el incomparable juego del futbol, o nuestra rendida admiración hacia Johan Cruyff, el mejor futbolista del mundo en ese momento, como grandioso sucesor de Pelé, ya de salida.

Con respecto al astro holandés nos llamaba la atención, además de su enorme capacidad técnica y física, su facilidad para hacer jugar a sus compañeros como él quería, y a veces también a sus adversarios.

Nos encantaba jugar y cómo nos sentíamos jugando, nos pasmaba el enorme impacto del futbol más allá de la cancha, como fenómeno social; pero también nos interesaban otros temas, frecuentes en nuestras conversaciones:

– Pinche país en el que vivimos, no es posible que sucedan estas cosas.

– Han sucedido desde siempre, y lo más vergonzoso es la pasividad de los ciudadanos para aguantar a ladrones como ésos. Hay tantas riquezas en México que todavía no se las acaban, pero siguen haciendo lo posible.

– Nos urge de a madre la alternancia entre partidos, porque si no esos rateros sinvergüenzas sin escrúpulos seguirán robando eternamente y cubriéndose las espaldas sexenio tras sexenio.

– Sí, nos urge.

Pero no sólo nos hermanaba el profundo gusto por el futbol, el deseo de llegar a jugarlo a la mayor altura posible; y no sólo nos interesaba el tema de la política, de los improvisados o arribistas gobernantes, de la lacerante corrupción y la descarada impunidad. También coincidíamos en otros gustos; y sobre todo, compartíamos nuestras lecturas y platicábamos sobre ellas:

– Pinche Raskolnikov, está cabrón cómo te la vas creyendo y te vas metiendo en su personaje.

– Sí, como que ya hasta te dan ganas de entregarte, de confesar tu crimen.

– ¿Será cierto eso de los personajes, que se van poniendo por encima del propio autor, quien ya no puede controlarlos ni evitar determinadas reacciones de ellos?

– En algunos casos así parece suceder.

Casi siempre con el futbol como origen, las pláticas invariablemente derivaban en otros asuntos, por lo general de política o literatura, y en una de ellas le manifesté a mi amigo mi interés por la vida y la obra de mi ancestro, de mi bisabuelo Celedonio, tema que en nuestras innumerables conversaciones fue volviéndose recurrente.

– Pinche obsesión que traes con eso de tu antepasado. ¿Y así se llamaba?
– Sí, así se llamaba. Y no, no tanto como obsesión, pero sí me gustaría conocer más acerca de su vida, de lo que hizo, de cuáles eran sus pensamientos y motivaciones al momento de escribir lo que escribía.
– Pues tú sabrás, pero qué flojera andar averiguando sobre alguien muerto antes de que tú nacieras, en lugar de nomás disfrutar lo que haya escrito.

Así nos comunicábamos mi amigo y yo desde aquel lejano 1977, a mis 21 y sus 24, cuando él ya era una figura y yo seguía siendo aspirante a serlo. Y después de esas entretenidas pláticas nos quedaba la satisfacción, no sé si bien sustentada, de sabernos distintos a la mayoría de los futbolistas, quienes solamente en la cancha y con un balón tienen algo que decir.

Evidentemente, mi amigo y yo formábamos parte de una reducida minoría, y de eso quedaba plena constancia cuando convivíamos con los demás, cuando por ejemplo nos reuníamos con ellos en alguno de los tradicionales "asados", después de algún entrenamiento y con la correspondiente dotación de cervezas a la mano.

En una de esas ocasiones, en determinado momento surgió el tema de lo especialmente doloroso que resulta el retiro para los futbolistas, y después empezamos a hablar de la muerte, y entonces me animé a decir lo que en ese instante pasó por mi mente, como si de mí se hubiera apoderado Gutiérrez Nájera:

> Quiero morir cuando decline el día,
> en alta mar y con la cara al cielo,
> donde parezca sueño la agonía,
> y el alma un ave que remonta el vuelo.

– No mames.
– ¿Qué dijo?
– Este güey está loco.

Roberto Gómez Junco

## II

Dos años después me las ingenié entre partido y partido para visitar durante tres días la ciudad natal de Celedonio, pero fue muy poco lo que ahí, en Matamoros, logré indagar.

Supe que había sido destacado alumno en el Colegio de San Juan: tranquilo, pacífico, ingenioso y perspicaz desde niño. Compañero y amigo, entre otros, de Francisco León de la Barra, quien algunas décadas después llegaría a ser Presidente interino de México en la turbulenta etapa revolucionaria, y por lo tanto se convertiría en factor decisivo en la breve y fallida incursión de mi bisabuelo como "funcionario público", durante menos de tres meses, en 1911.

Había estudiado en esa escuela la Primaria y casi toda la Secundaria, pero se había visto obligado a dejar sus estudios a los 13 años, cuando murió su padre, para ponerse a trabajar de tiempo completo ante la necesidad de conseguir el indispensable sustento para él y los suyos: su mamá y sus hermanos.

A partir de entonces fue convirtiéndose en un sobresaliente autodidacta, bastante mejor alimentado con sus libros que en el colegio.

Fuera de esa escueta información, nada importante logré obtener de esa visita, y al regresar a Monterrey me olvidé un buen rato del tema y volví a entrar de lleno en esa envidiable rutina semanal del futbolista, con entrenamientos extenuantes pero siempre con el aliciente y en el empeño de pelear cada día por un puesto en el equipo titular. Y con esa leal pero altamente exigente competencia interna llevando implícita la recompensa; salir airoso de ella significaba jugar el fin de semana y llegar fortalecido a ese juego.

Fue al acabar uno de esos partidos, seis o siete semanas después de haber ido a Matamoros, cuando me reencontré con María Eugenia González Casas, maravillosa regiomontana que después sería mi esposa, y a quien también ya le había platicado en varias ocasiones sobre mi interés por la vida y la obra de Celedonio.

En esa nueva conversación con ella, la vigésima o trigésima de las miles que después vendrían, surgió el tema de mi bisabuelo y me enteré de la prometedora novedad: una amiga de Maru resultó ser bisnieta de una maestra que en su momento tuvo un original encuentro con él, para ella inolvidable.

De inmediato le pedí que me pusiera en contacto con su amiga, de nombre Eri, o Lori, o algo así.

Nos pusimos de acuerdo, quedamos de vernos con ella para platicar tomando un café, llegamos a la cita y tras las presentaciones de rigor entramos en materia:

– Mi mamá me decía que su abuela, mi bisabuela, muy seguido platicaba de aquel encuentro.

– ¿Y como qué platicaba?

– Ella era maestra de Primaria en una escuela o colegio de niñas, el Dolores Martínez, aquí en Monterrey.

– ¿Y luego?

– Según mi mamá, un día mi bisabuela llevó a sus alumnas a una especie de tardeada en la Alameda; y mientras estaba con ellas ayudándoles a participar en algún juego, vio sentado en una banca al poeta Junco de la Vega, quien ya había adquirido notoriedad como tal.

– Notoriedad en el ámbito local, me imagino.

– Sí, bueno, cierta notoriedad tal vez regional, porque había publicado sus primeros poemas, muy bien recibidos entre los conocedores de la materia.

– ¿En serio?

– Claro, e incluso alguien aún más reconocido, no me acuerdo quién, dijo que Celedonio "había nacido adulto en la carrera de las letras".

– ¿Alguien más reconocido pero no te acuerdas quién?

– Sí, no me acuerdo del nombre, pero mi mamá seguramente sí. Después le pregunto y te digo.

– Bueno, la primera colección de poemas de mi bisabuelo, "Versos", se publicó a sus 32 años.

– Si tú lo dices.

– Eso tengo entendido, aunque desde antes había escrito muchas cosas y versificado a diestra y siniestra, para así ir ganándose ese reconocimiento.

– Así parece, y no sólo en Monterrey. Por eso al verlo en la plaza mi bisabuela no resistió a la tentación de abordarlo, y se le ocurrió hacerlo de una forma peculiar, muy original.

– ¿Cómo?

– Compró por ahí mismo un ramo de rosas de diferentes colores y se acercó junto con sus alumnas para entregárselo como obsequio al ilustre personaje.

– Quien seguramente se sorprendió con el detalle.

– Sí, gratamente sorprendido cuando una de las niñas le entregó el ramo, y él muy sonriente le preguntó su nombre. Y como la niña le dijo que se llamaba Rosa, él al instante vio la coincidencia. Una niña llamada Rosa entregándole un ramo de rosas de diversos colores. Por eso no tardó mucho en responder con el ingenio que lo distinguía.

– ¿Qué le dijo?

– Aceptó muy agradecido el ramo, de él tomó una rosa de color rosa y se la entregó a la niña diciéndole:

Te doy esta rosa rosa;
Rosa, contemplando estoy,
que eres rosa más hermosa
que la rosa que te doy.

– Simpático epigramista mi bisabuelo, pero ya me imagino a la niña; de seguro lo vio como un señor raro diciendo incoherencias.

– Puede ser, y al recibir la rosa solamente le dio las gracias como pudo y como supo; pero quien sí se emocionó fue mi bisabuela, al apreciar el epigrama en su transparente sencillez. Lo memorizó de inmediato y lo incluyó como parte esencial de la conmovedora anécdota.

– No es para tanto, pero sí me parece muy original.

– Bueno, y además está esa otra, también original, aunque de otro tipo.

– ¿Cuál?

– A mi mamá se la contaba una vecina y amiga, nieta de un señor en su tiempo considerado muy alto, porque andaba alrededor del 1.78 de estatura.

– O sea, muy distinto al caso de Celedonio.

– Caso opuesto, claro. Según mi mamá tu bisabuelo era muy chaparro, incluso para los estándares de hace 100 años.

– Así es, muy bajo de estatura. ¿Y cuál es esa otra anécdota?

– Ese señor, José Oliver Comonfort, abuelo de la amiga de mi mamá, se la contaba con frecuencia a su nieta.

– A ver.

– Una vez se cruzó en una esquina con el maestro Junco, de quien era muy buen amigo, y sólo por bromear le dijo:

"Adiós, ilustre pigmeo".

– ¿De plano?

– Sí, pero el chiste es que a tu bisabuelo le cayó en gracia esa provocadora frase, y además le sonó como si fuera el primer verso o renglón de un posible epigrama, por lo que después de una pequeña pausa decidió seguir con la broma y completarlo así:

"Adiós, insigne gigante
que te me paras delante
con ese rostro tan feo".

No cabe duda, Celedonio era muy ingenioso.

# III

Reyes, la indescifrable Providencia
que administra lo pródigo y lo parco,
nos dio a los unos el sector o el arco,
pero a ti la total circunferencia.

– Pinches versos están padrísimos. Imagínate lo chingón que fue Reyes para que alguien como Borges le escribiera eso.
– Muy chingón, y sin embargo muy poco leído.
– Sí, pinche incultura.
– Así es, y por eso aquí en el equipo nos ven a ti y a mí como raros especímenes y nos critican tanto.
– Ladran los perros, Sancho, señal de que cabalgamos.
– Una frase para nada escrita por Cervantes, ni en El Quijote ni en ningún lado, y sin embargo es la más citada. Como eso de "Elemental, mi querido Watson", tampoco escrito por Conan Doyle; o eso erróneamente atribuido a Voltaire, lo de "No estoy de acuerdo con lo que dices, pero defenderé a tope tu derecho de decirlo"; o algo así.

– No güey, ahora vas a decirme que tampoco Shakespeare escribió lo de ser o no ser.

– Eso sí lo escribió, en inglés, pero también es increíble que quienes nunca lo han leído mencionen eso como para demostrar que sí lo leyeron, sin ser capaces de citar siquiera alguna otra de sus frases.

– ¿Como cuál?

– Como eso de que algo huele mal en Dinamarca, o está podrido, o algo así, por ejemplo.

– Pues si tú lo dices.

– No, y debo confesarte que a Shakespeare yo tampoco lo he leído como debería.

– Mira, y ya me estabas apantallando.

– No, para nada pretendo apantallarte. Pero volviendo a Reyes, su papá, Bernardo, Gobernador de Nuevo León en algún tiempo, fue amigo de Celedonio; y por eso al morir éste, Alfonso Reyes le envió a Alfonso Junco, hijo de mi bisabuelo, un mensaje con sus condolencias.

– ¿Reyes?

– Sí.

– ¿Cuál mensaje?

– Aquí lo tengo:

"Mi querido Alfonso:

"Pocas amistades tan nobles y puras como la que unió a nuestros padres. Figura familiar en mis recuerdos infantiles,

Don Celedonio vive siempre en mi corazón, asociado a mis mayores afectos. Su hidalguía, su gracia, su probidad y el encanto de su persona me hace recordarlo siempre con emoción. Sepa usted que el duelo de ustedes es duelo propio en mi casa, entre los míos y en mi alma. Alfonso Reyes".

– Está chingón.

– Sí, muy padre; un gran detalle de quien para entonces, en 1948, ya era reconocido y laureado más allá de nuestras fronteras.

– Aunque siga siendo poco leído, como tú dices.

– Así es, por desgracia. Pero fíjate que revisando entre varios papeles, además de ese mensaje de Reyes me encontré otro de José Vasconcelos, también para Alfonso Junco.

– ¿José Vasconcelos?, ¿en serio?, ¿cuál mensaje?

– Éste, mira, aquí te lo leo:

"Mi querido amigo:

"Su artículo de hoy, 'Don Celedonio', me entera de su pena, y me apresuro a enviarle esta condolencia sentida. Yo recuerdo como uno de los momentos gratos de mi vida la hora que pasé al lado del señor su padre, en su casita de Monterrey.

"Todo él trascendía dulzura e inteligencia. Su honestidad y su ingenio, su bondad proverbial, lo habían convertido en uno de los patriarcas de nuestras letras y en un ejemplo para nuestra sociedad.

"Por fortuna deja en usted la herencia de su gran corazón y su talento. Reciba mi abrazo afligido y mande lo que guste a su viejo amigo y seguro servidor. José Vasconcelos".

– Qué chingonería.

– Sí, increíble, muy padres testimonios, y muy valiosos por venir de gente tan destacada.

– Claro, no cualquiera.

– No cualquiera. Pero con respecto a Borges, después de descubrir eso que escribió sobre Reyes, y de leer otros versos del gran escritor argentino, me veo obligado a preguntarme si Celedonio era solamente un poeta menor.

– Y no te refieres a su estatura, ¿verdad?

– Bueno, sí a su estatura como poeta. Porque tiene cosas ingeniosas, pero nada comparable con lo de Borges.

– ¿Como cuáles cosas ingeniosas?

– Ya te conté lo de Rosa y las rosas, o lo del ilustre pigmeo, y así hay otras muy buenas anécdotas medio poéticas de mi bisabuelo.

– A ver, una.

– Alguna vez, en una reunión entre colegas amantes de las letras, alguien lo alabó como gran epigramista, pero le dijo que sólo era capaz de escribir cuartetas y no podía, por ejemplo, construir una buena quintilla.

– ¿Una buena qué?

– Quintilla. Cinco versos, o cinco renglones en un verso.

– ¿Y qué le contestó tu pariente?
– Se le quedó viendo un rato, como pensando en eso, como procesándolo, y después de una pausa, en menos de un minuto, simplemente le respondió:

>Por cuestión de negra honrilla
>me es preciso demostrar
>que el hacer una quintilla
>es la cosa más sencilla
>que se pueda imaginar.

– Muy buena, o por lo menos así suena.
– O como en esa otra, cuando en casa de Celedonio estaban sin teléfono por una huelga de la compañía encargada de dar ese servicio; y después de tres o cuatro días de estar así, llegó a tocar a su puerta el muchacho que pasaba a cobrarlo, con el recibo en la mano.
– ¿El que se encargaba de cobrar lo del teléfono?
– Sí, quien cada mes pasaba a cobrarlo. Y en esa ocasión el recibo era de ocho pesos con cincuenta centavos.
– De los pesos de aquellos.
– Imagínate, de los viejos, y cuando tres o cuatro pesos equivalían a un dólar.
– ¿Y entonces?

– A mi bisabuelo le pareció una ironía eso de que llegaran a cobrar el teléfono cuando estaban sin él en su casa. Buscó el dinero, escribió una nota y fue a entregarle ambas cosas al muchacho, el dinero y la nota.
– ¿Y qué decía esa nota?

>Es un contraste que no concibo
>pero que ahora claro se ostenta:
>por un servicio que no recibo
>pago un recibo de ocho cincuenta.

– Muy chistoso tu abuelito, pero supongo que ese chavo ya no volvió a esa casa.
– Bisabuelo. Y no, ni de loco regresó ese cuate, a quien ya nunca volvieron a ver por el barrio.
– ¿Algún otro versito así de divertido?
– Está también aquel epigrama sobre sí mismo:

>Dos cosas para tortura
>me salieron del demonio:
>ser de tan corta estatura
>y llamarme Celedonio.

– Ingenioso y autocrítico.

– Sí, entre otras cosas por ésa me atrae como personaje; e incluso sin estar seguro de cuánto vale como poeta he pensado en escribir algo sobre su vida, sobre su obra, sobre sus inquietudes, sus pensamientos, sus motivaciones.

– ¿Estás pensando en escribir algo sobre él?, ¿podrás escribir sobre algo que no sea futbol?

– No sé si pueda, pero quiero. Porque además entre varios escritores he visto ese recurso muy socorrido: contar en primera persona alguna historia, o contar cómo pensaron si ir contando o no esa historia, sobre algún personaje, a veces pariente lejano o ancestro, por el cual el propio narrador siente cierta fascinación.

– Y a veces mientras van contando van insistiendo en no saber si contar lo que en realidad ya contaron.

– Así es.

– Haz de cuenta algo parecido a aquella genialidad de Cervantes en el prólogo de la segunda parte de El Quijote.

– Sí, muy parecido a eso; decirles a los lectores que no piensa insultar al autor del Quijote apócrifo escondido en un seudónimo, pero al mismo tiempo soltarle dos o tres contundentes epítetos.

– No les daré a ustedes, queridos lectores, el gusto de llamarlo burro, o cobarde o mentecato; o algo así.

– Algo así.

– Padrísimo recurso ése de decir que no quieres decir algo mientras vas diciéndolo; pero volviendo a lo tuyo y a tus aires de literatura, sinceramente no te veo tamaños de escritor ni le veo mucho sentido a tratar de contar la historia de un poeta desconocido y desaparecido hace más de 30 años.

– Cervantes murió hace 365.

– Tú lo has dicho, Cervantes, no él, que seguramente no era de ese nivel.

– Probablemente no, pero quizá el mismísimo y grandioso escritor español te diría que esta inquietud podría estar relacionada con la fuerza de la sangre.

– Pues podrá, pero sigo sin verle sentido a tu idea, medio mafufa y no sé si con alguna posibilidad de concretarse; aunque yo te ayudo en lo que me digas.

– No veo cómo ni en qué, pero cualquier cosa te aviso.

– Yo en realidad lo que quisiera es escribir mis memorias.

– Pues entonces sería bueno empezar por hacer cosas que después valga la pena contar.

## IV

Quién sabe cuál sería la opinión de Celedonio Junco de la Vega sobre el futbol de la actualidad, o sobre lo que era en su época el futbol, tan distinto al de ahora.

Imposible saber cómo interpretaría las reacciones provocadas por este juego entre millones de personas en todo el mundo. O cuál diagnóstico emitiría o cuántos epigramas pergeñaría después de observar el comportamiento de los aficionados mexicanos, argentinos, españoles, italianos, ingleses, uruguayos, brasileños, japoneses, coreanos, franceses, hondureños, chinos, australianos, cameruneses, turcos o nigerianos; de los hinchas, de los *tifosi*, de "la torcida", de los barristas o de los *hooligans*.

Resultaría demasiado aventurado especular sobre cómo vería ese inusitado fenómeno social, que en sus tiempos todavía no lo era, en el tramo final de su vida, a partir de 1945, cuando en términos deportivos Monterrey empezaba a ser una ciudad beisbolera.

O cómo habría visto lo sucedido 14 ó 15 años después de su partida, cuando en la década de los 60 el futbol rebasó al beisbol en el gusto de los regiomontanos para ir convirtiendo poco a poco a la Sultana del Norte en la ciudad apasionadamente futbolera de la época actual.

Seguramente no tendría conocimiento alguno sobre la existencia del futbol como deporte a sus 25 años, en marzo de 1889, cuando se trasladó a vivir a Monterrey para trabajar ahí; y mucho menos a sus 13, viviendo aún en Matamoros, cuando murió su padre y con su muerte le cambió por completo el rumbo, el derrotero a su propia vida.

O el 9 de noviembre de 1893, cuando se casó con Elisa Voigt.

En la foto de ese día, a sus 30 años, Celedonio se ve convencido y feliz. De perfil, un poco inclinado y con la vista hacia abajo para contemplar a Elisa. Muy bien peinado, con cejas y bigote poblados pero debidamente arreglados. Vistiendo un impecable traje de etiqueta, camisa blanca y, en la solapa izquierda del saco negro, un llamativo y blanquecino fistol. Una estilizada nariz algo puntiaguda. Con una vitalidad ya irreconocible en sus últimas fotos, 54 años después, aunque nunca perdería esa vivacidad y su mirada inteligente y serena.

El ilustre pigmeo

Celedonio tampoco tendría conocimiento de nada relacionado con el futbol en 1895, a sus 31, cuando nació su primer hijo, Rodolfo.

O más adelante ese mismo año, cuando se publicó su primer libro, "Versos", prologado por Juan de Dios Peza, amigo suyo.

Ni siquiera en 1904, ya cumplidos sus 41, cuando se publicó el segundo, "Sonetos", con prólogo de otro gran amigo, José López Portillo y Rojas.

Ni el 29 de abril de ese mismo 1904, cuando nació su hija Aurora, mi abuelita Yoya.

Ni a sus 48, cuando fue publicada su "Musa Provinciana", en 1911.

¿Le dedicaría siquiera algún fugaz pensamiento al futbol en algún momento de su vida, o particularmente en esa etapa transcurrida entre 1895 y 1915, entre los nacimientos del primero y el decimoquinto de sus hijos?

¿O entre 1917 y 1937, en esos 20 años como articulista y editorialista respetado y reconocido a nivel nacional?

¿O en 1922, cuando nació su nieto Rodolfo, sólo unos días después del nacimiento del periódico El Sol, antecesor de El Norte y del Grupo Reforma?

¿O el 31 de marzo de 1929, cuando nació mi padre, el décimo primero de sus nietos?

¿O el 20 de abril de 1931, cuando nació mi madre, de lo cual seguramente Celedonio tampoco se enteró para nada?

¿Habrá practicado alguna vez algún deporte, o cuando mucho llegó a pequeños esbozos gimnásticos en la Primaria, en ese lapso entre 1870 y 1875, cuando a nadie ni siquiera le pasaba por la mente incorporar en los planes de estudio la materia de Educación Física o de Deportes, tan deficiente todavía en los tiempos actuales?

Quién sabe cómo vería la conveniencia o no, como requisito primordial para una buena formación, de jugar no sólo rimando y versificando, de realizar también algún esfuerzo físico, de someterse a otra disciplina y practicar algún deporte para así entrarle a otro tipo de competencia.

Si acaso, todo eso sólo puedo imaginármelo, como me imagino cuáles serían sus ideas y pensamientos con respecto a otros asuntos.

Está por completo fuera de mi alcance saber cuánto le importaba o le pasaba por la mente el futbol, seguramente nada, cuando ya en plena senectud le dio esa hemiplejia a raíz de la cual se vio obligado a dejar de trabajar para así ser atendido, protegido y cobijado por quienes se habían visto beneficiados con su arduo trabajo de tantos años.

Quizá en los últimos 10 de su vida estaría, porque era casi imposible no estarlo, entre ese grupo ampliamente mayoritario de intelectuales que en aquellos tiempos menospreciaban la importancia de la práctica de algún deporte como factor indispensable para la formación integral de cualquier persona.

Probablemente al futbol no lo vería con tan buenos ojos como después han ido viéndolo grandes personajes de la literatura, como Albert Camus, Javier Marías, Juan Villoro, Manuel Vázquez Montalbán o Enrique Vila-Matas.

Tal vez lo hubiera visto y aquilatado de manera similar a como lo vieron y aquilataron en su momento otros grandes escritores, para quienes en mayor o menor medida resultaba incomprensible el apasionamiento de la gente con ese intrascendente jueguito.

¿O lo consideraría como lo consideraban Carlos Fuentes, o José Saramago, o Salvador de Madariaga o Eduardo del Río, el famoso RIUS?

¿O como lo consideran y perciben Fernando Vallejo, Isabel Allende, Roberto Ampuero o Amélie Nothomb?

¿O como lo veían Georges Simenon, Aldous Huxley, Saint-Exupéry, H.G. Wells o José Ingenieros?, ¿o como lo verían Hermann Hesse y Erich Fromm, por no hablar de Franz Kafka o Jalil Gibran?

¿O como lo hubieran visto y considerado Edgar Allan Poe, Voltaire, Goethe y algunos otros si en sus respectivas épocas hubiera existido el futbol no sólo como deporte para ser practicado sino también como el enorme negocio-espectáculo de hoy en día?

Para estar menos lejos de saberlo, mucho más necesitaría yo descubrir y aprender sobre la vida de mi célebre bisabuelo, y por desgracia eran y son muy pocos los datos y la información recabada, los testimonios confiables; sobre todo en lo referente a sus primeros 25 años, durante el tiempo vivido en aquella su Matamoros natal y querida, 100 años anterior a la de Rigo Tovar.

Roberto Gómez Junco

# V

Matamoros natal y querida, pero Monterrey entrañable y adoptiva.

Así evaluaba y definía el Celedonio de la madurez sus sentimientos con respecto a esas dos ciudades mexicanas, tan diferentes entre sí, tan distintas y distantes de la tierra de Asturias, en España, donde había nacido su padre, Manuel Junco de la Vega, quien lo fue después de casarse con la nuevoleonesa Eugenia Jáuregui.

Un padre fallecido cuando mi bisabuelo tenía 13 años, a una edad en la que nadie puede estar preparado para entender y asimilar un golpe como ése.

Tan profunda huella dejó en la vida de Celedonio esa prematura partida, que nueve años después le escribió unos versos a su padre ausente, versos leídos por él mismo ante esa tumba:

>     Nueve años ya que el último latido
>     marcó tu corazón en bien fecundo;

nueve años ya, y aún vibra en nuestro oído
el adiós de tu labio moribundo.
Fuiste en la lucha de la vida roble
que queda en pie tras la borrasca fuerte;
tan sólo se abatió tu frente noble
ante un rayo implacable: el de la muerte.
¿Qué ha quedado de ti?; tu nombre escrito
en un mármol que cubre polvo helado;
tu espíritu vagando en lo infinito,
y tu recuerdo en nuestro hogar honrado.
Mi frente triste ante la tumba inclino,
que tu ceniza venerada encierra;
mañana, ¿qué me espera en mi camino?,
¿cuál mi suerte será sobre esta tierra?
Cuando cerrados a la luz mis ojos,
duerma ese sueño de la tumba fría...
¿quién regará con llanto mis despojos?,
¿en qué memoria quedará la mía?

– ¡Qué menor ni qué la chingada!; con esos versos tu abuelo Kaledonio demuestra ser un poeta consumado, de altura.

– De a madre. Mi bisabuelo Celedonio. Y apenas tenía 22 años al escribirlos.

– A ver, ¿cómo dice la última parte?

– Cuando cerrados a la luz mis ojos, duerma ese sueño de la tumba fría...

– ¿Sí?

– ¿Quién regará con llanto mis despojos?, ¿en qué memoria quedará la mía?

– Increíble. ¿O sea que a sus 22 años ya estaba pensando quién se acordaría de él después de muerto?

– Así es, mientras él se acordaba de su padre, pensaba quién se acordaría de él.

– ¿Tú alguna vez has pensado en cuál memoria quedará la tuya?

– ¿La mía?

– Sí, tu memoria. ¿Se te ha ocurrido pensar quién se acordará de ti cuando mueras, y durante cuánto tiempo?

– No, no se me había ocurrido pensar en eso.

– Y él sí lo pensaba a sus 22 años. ¿Cómo se puede escribir así a esa edad?

– Primero leyendo mucho, me imagino.

– ¿Y qué hacía, a qué se dedicaba?

– En Matamoros había sido muy destacado como estudiante de Primaria y Secundaria, y había trabajado desde esos 13 años, desde quedar huérfano de padre, para ayudar en la manutención de su familia, asunto del cual terminó haciéndose cargo por completo a lo largo de seis décadas.

– ¿Tanto así?

– Sí, dejó de trabajar cuando tenía 73 y murió de 84.

– ¿Y por qué se fue de Matamoros?

– Desde joven, a sus 18, fue forjándose cierto reconocimiento como incipiente poeta y ganándose como empleado el prestigio de ser muy honrado. Por eso unos años después, en 1889, le ofrecieron chamba en Monterrey y se vino a vivir acá, trayéndose muy pronto a toda su familia.

– ¿Soltero?

– Sí, aquí conoció a Elisa Voigt, con quien se casó en 1893, cuando él tenía 30, y desde entonces le brotó como fecunda actividad, además de la de escribir versos, la de tener hijos.

– ¿Cuántos tuvo?

– Nada más 15.

– ¿Quince?

– Sí, y de hecho hay un poema dedicado a Laura, la decimoquinta de sus hijos. Con una estrofa muy simpática.

– ¿Cuál?

– Si mal no recuerdo, dice así:

> Tú llegas y así completas
> los quince de la parvada.
> ¡Y aún dicen que los poetas
> no servimos para nada!

– Pues sí, simpática.

—Aunque de esos 15 sólo llegaron a adultos 11, todo un equipo de futbol. Cuatro hombres y siete mujeres, entre ellas Aurora, mi abuela; de las hijas, quien mejor versificadora salió.

—¿Y de los hijos?

—El mayor, Rodolfo, fue fundador en 1922 del periódico El Sol, junto con su esposa, la tía Techa, María Teresa Gómez.

—¿De lo que ahora es El Norte?

—Bueno, años después surgió El Norte como parte de esa misma casa editora.

—Ah, perfecto. ¿Y los demás hijos?

—El segundo, Alfonso, fue un escritor e historiador de alcances nacionales, rebasó al papá en cuanto a fama y reconocimiento. Si no me equivoco, es el único Junco en el diccionario, por lo menos en el Larousse.

—¿Ah sí?

—Sí, y el menor, Humberto, entre otras actividades en algún momento le entró a la política y en 1961 se convirtió en el primer y muy respetado alcalde panista de San Pedro Garza García, en una época dominada y acaparada por los priístas, aún más que ahora.

—Pinche PRI. ¿Y el otro hijo?

—Eduardo, el tercero de los hombres, para varios de mis tíos era el mejor de los cuatro, aunque no dejara como legado algo tan visible como los otros tres.

—Pinche familia destacada.

– Sí, lo que sea de cada quien; y de las mujeres no puedo hablarte mucho, a excepción de mi abuelita Yoya, porque en esos tiempos el rol generalmente desempeñado por ellas en la sociedad regiomontana era muy discreto, el de abnegadas esposas y esforzadas amas de casa.

– Algo que afortunadamente empieza a cambiar.

– Sí, por fortuna, aunque mejor ni les digas eso a muchos de nuestros compañeros de equipo.

– Pinches machistas.

– Como lo han sido los mexicanos desde tiempos inmemoriales.

– Conmigo no te adornes, cabrón.

– Bueno, desde hace mucho. Pero en el ambiente del futbol ese machismo está más arraigado, ya es algo endémico.

– Otra vez con tus mamadas.

– Mta, nada te gusta, pero sí creo que este machismo futbolero es vergonzoso.

– De a madre, y está muy relacionado con el bajo nivel educativo de los futbolistas.

– Muchísimo, y también con esa parte del encanto de este juego; como que nos hace sentirnos más hombres cuando lo jugamos.

– ¿Se te hace?

– Sí, además de eso de que ser futbolista es una forma de alargar la adolescencia, como seguramente diría Jorge Valdano.

– ¿Valdano?

– El atacante argentino, quien vendrá el próximo año a jugar en la Copa del Mundo. Un cuate brillante, de ésos que tanta falta le hacen al futbol.

– A mí no se me olvidará nunca ese día que tú y yo enfrentamos a Beckenbauer, cuando vino con el Cosmos.

– Claro, son cosas inolvidables, como no se me olvidará jamás cuando me tocó jugar contra Zico, y la jugada que me hizo cuando nos topamos en la cancha, en un partido amistoso, en el Coliseo de Los Angeles, él con el Udinese y yo con las Chivas.

– Por supuesto, no se te olvidará nunca.

– Pero en realidad, fuera del futbol hay recuerdos aún más fuertes. A mí, por ejemplo, nunca se me va a olvidar aquel día del invierno de 1967, cuando a mis 11 años conocí la nieve.

– Cálmate, Gabo.

## VI

En esa época ser convocado a la Selección Mexicana no representaba tanto como ahora.

En gran parte, quizá, porque no había pasado por estos nacionales lares César Luis Menotti, quien en su momento se convirtió en un bienvenido parteaguas, porque más allá de lo poco o mucho ganado en la cancha logró darle al estatus de seleccionado otra dimensión, otro grado de respeto y ese gran orgullo de vestir la camiseta nacional que hasta ese momento los argentinos habían enarbolado a mayores alturas en el continente americano.

Pero en aquel entonces, durante la década de los 80, ya no digamos antes, ni se adquiría por ser futbolista tanto prestigio como ahora, ni ser seleccionado nacional incluía el enorme reconocimiento ni los grandes beneficios que hoy implica.

En contraste claro con lo sucedido con los poetas, más respetados y leídos antes que ahora.

Mi bisabuelo podía ser un simple empleado en cualquiera de las muchas tareas desempeñadas a lo largo de su vida; en el banco, en la oficina, en el comercio. Pero aunque no lo hacía, podía presumir de lo que otros no: de ser un poeta reconocido, altamente valorado en el ámbito intelectual de aquel Monterrey de principios del siglo XX.

Se le respetaba por su sencillez, por su bonhomía, por su transparencia en el trato; pero además de ser reconocido y laureado como poeta, se le admiraba sobre todo su ingenio, su capacidad de improvisación, la facilidad natural y rapidez para elaborar sus epigramas, versos y sonetos.

Algunos eran muy sencillos, y cualquier pretexto bastaba para soltarlos. Como en aquella crítica para un aspirante a literato, quien se había quejado de la baja calidad de impresión de su propio libro:

> Te quejas de la impresión
> de tu libro, buen Severo;
> ¡pues qué dirán los lectores
> de la que ellos recibieron!

O para dirigirle a alguien una "amistosa" estocada:

> Si nadie puede perder
> aquello que no ha tenido,
> ¿por qué dirán que ha perdido
> la vergüenza Don Javier?

O para resumir alguna de sus visitas al doctor:

> Que evite las ocasiones
> de toda emoción violenta,
> me aconseja el doctor Briones…
> ¡Y ayer me pasó la cuenta!

O para referirse a su propio envejecimiento:

> Lo que va de ayer a hoy
> en mi andar se puede ver;
> firmes pasos daba ayer,
> hoy inseguros los doy.

O sólo para jugar con los nombres o apellidos:

> Blanco es el novio de Irene;
> por eso dice Vivanco
> que la chica siempre tiene
> puestos los ojos en blanco.

O con total seriedad, en algún 10 de mayo:

> De los grandes regocijos

que el hombre puede gozar,
el primero es festejar
a la madre de sus hijos.

O para utilizar como tema, en plan burlón, alguna característica física:

Es Marcial un colegial
jorobado y contrahecho
(nada tiene de marcial),
pero es joven de provecho
en opinión general,
y él declara, muy formal,
que está estudiando Derecho.

O para "corregir" una palabra "mal escrita":

Que eres pasante, José,
le escribiste a tu papá,
pero me figuro que
entre la "s" y la "a",
has omitido una "e".

O para verter su ironía en algún consejo:

Si quieres caer en gracia
y ser el que siempre venza,
haz que te sobre la audacia
y te falte la vergüenza.

O como en otra ocasión, cuando también con su buena dosis de mordacidad le criticaba a un fallido dramaturgo su obra de teatro recién estrenada:

Yo no sé por qué tu drama
lleva por título "Insomnio",
cuando en el acto primero
nos dormimos casi todos.

O como aquella vez, en plan menos crítico, más cariñoso y festivo, cuando su yerno, esposo de Aurora, mi abuelo, cumplió 31 años, el 26 de febrero de 1934:

PARA ROBERTO
Acabado el desayuno,
encuentro especial recreo
en dedicarme al tecleo
por honrar tus treinta y uno.
¡Mira si soy oportuno
con mis felicitaciones,

metidas en diez renglones!
Ya casi al final llegué,
y va el deseo de que
te aumenten tus comisiones.

Su valor como ser humano quedaba de manifiesto con el trato otorgado a quienes le rodeaban. A diferencia de los arribistas y escaladores, lambiscones con los de arriba y prepotentes con los de abajo, él mostraba caridad y respeto para los aparentemente inferiores en la escala social y económica; y ningún asomo de servilismo hacia los poderosos y encumbrados.

De eso dejó constancia en una cuarteta concebida y escrita en cuanto se encontró con un amigo, quien después de haber sido importante ministro y dejar de serlo había venido a menos también económicamente:

En los anales de mi vida entera,
ninguna vil adulación registro.
No ensalcé la cartera del Ministro
y hoy ensalzo al ministro sin cartera.

Tal vez por ser tan ducho y tan agudo en esos menesteres, por ser tan festejado y aplaudido por sus ocurrencias versificadoras, pasaban a veces inadvertidos o no eran valorados en su justa dimensión sus versos de mayor profundidad, meticulosamente elaborados, no tanto producto de la ingeniosa chispa, sino de la serena reflexión; como en el caso de aquel soneto que le escribió

### A JESÚS

Filósofo en los campos de Judea,
Mártir sobre la cumbre del Calvario,
tu nacer en pesebre solitario,
de la humildad enalteció la idea.
Fuerza es que el culto de tu nombre sea
eterno, de la vida al curso vario:
la humanidad en su existir precario,
la cruz al hombro, como tú, pasea.
Mas ¡ay!, tu ejemplo de humildad fue inútil:
no lo siguió la humanidad que en fútil
labor de pompa y de poder se afana.
Siempre en la red de su ambición cautivo,
torpe el mortal, a tu doctrina esquivo,
como ayer y cual hoy será mañana.

Escrito hace 100 años y con estremecedora vigencia, para así darle cabal cumplimiento a lo vaticinado en el último verso.

Cada uno de esos epigramas y sonetos descubiertos por mí, hacía de la suya una figura más cercana, o menos lejana, y más respetada.

A falta de la información oculta en el tiempo, de lo que no se podía encontrar en el intento de conocer mejor a este personaje familiar, algunos de sus versos me permitían a veces vislumbrar y otras abiertamente deducir cómo pensaba o sentía con respecto a los diversos temas abordados en esos versos.

De entrenamiento a entrenamiento, de viaje en viaje y entre partido y partido, me refugiaba en mis lecturas. Y cuando en los espacios familiares surgía Celedonio en la plática, trataba de aprovechar al máximo la oportunidad de conocer un poco más sobre él, sobre sus dichos y sus hechos, sus pensamientos y sus sentimientos; o sobre lo que creían que había dicho, pensado o sentido quienes me lo platicaran.

Para mantener en alto el ánimo en el fascinante pero difícil mundo del futbol, esos espacios familiares eran vitales, pero obviamente más placenteros en la medida en que mejor me fuera como futbolista. Así se retroalimentaban esos dos mundos tan distintos, o esas dos facetas mías con las cuales debía encarar cada mundo.

Y cuando estaba en el espacio del futbol era solamente con mi amigo con quien podía hablar de mi antepasado, o de las novelas que yo leía, los autores que prefería y los versos que me gustaban.

Con los demás jugadores dichos temas estaban prácticamente vedados, porque si llegaba a tocarlos corría el riesgo de salir muy mal librado.

Como en aquella futbolera convivencia, cuando después de recibir algunas críticas de mis compañeros se me ocurrió, nada más por provocar, citar una parte de esos versos que tanto me gustan:

Los claros timbres de que estoy ufano,
han de salir de la calumnia ilesos.
Hay plumajes que cruzan el pantano
y no se manchan... ¡Mi plumaje es de ésos!

– ¿Qué?
– ¿Cómo?
– No, cabrón, qué bueno que no hay antidoping, porque contigo perdemos.

# VII

Con respecto a mi bisabuelo es más abundante lo ignorado que lo sabido. Algo inevitable, lógico, normal, nada doloroso para mí, como sí puede dolerme esa especie de ignorancia con respecto a la vida de mi madre, por ejemplo. Porque a ella la conocí como no podía conocer a Celedonio; y sin embargo, no lo suficiente. No podían serlo mis 25 abriles y 24 febreros.

Sé que ella, Norma Inés Livas Bruington, toda una belleza, gran declamadora y a la postre inigualable esposa y madre, lo dejó embelesado al recitar ante él una poesía en alguna reunión familiar, cuando ya era novia de su nieto Roberto.

El 18 de abril de 1927, en esa misma sala de la casa de la calle Ocampo, donde a sus 15 mi mamá recitaría para deleite de Don Cele 19 años después, mis abuelos Roberto y Aurora celebraron la ceremonia religiosa de su boda, en plena época de la Guerra Cristera, con todas las iglesias del País cerradas.

En esa ocasión, el papá de la novia y bisabuelo mío, de 63 años, le regaló a la flamante pareja un ejemplar de su libro de "Musa Provinciana" con la correspondiente dedicatoria, además de escribirle un largo poema con estos renglones y versos incluidos:

> Sueña lo que sueñas
> quien contigo va,
> y así de dos vidas,
> una formarán.
> Que Amor acreciente
> su claro raudal,
> porque está en sus ondas
> el secreto imán
> que atrae a las almas
> a un mismo ideal.

Conmovido con el gesto, a mi abuelito Bobby le salió del alma decirle "Papá" a su suegro. Quizá porque Roberto, como Celedonio, se había quedado sin padre desde niño.

Al morir el suyo, quien ocho décadas después sería mi bisabuelo se vio obligado a dejar los estudios a pesar de contar apenas con 13 años, para ponerse a trabajar en lo que pudiera y a partir de ahí hacerse cargo de su mamá y sus hermanos y hermanas.

Desde entonces y hasta siempre, hasta su muerte, su situación económica fue precaria, apretada, apenas con lo suficiente para cubrir las necesidades elementales, para librarla día con día.

Empezó como "meritorio", como empleado de un comerciante español allá en Matamoros, ayudando en el mostrador, limpiando lámparas, haciendo mandados, y recibiendo su comida como única recompensa.

Un año después cambió de chamba y recibió su primer sueldo de 10 pesos, orgullosamente entregados a su mamá; y más adelante se fue a Ciudad Victoria para realizar labores similares, atraído por su primer gran salario de 130 pesos mensuales, pero sólo aguantó tres años lejos de la familia y regresó a su tierra natal, donde a sus 18 empezó a escribir, a versificar y a ver publicados en los periódicos algunos de esos versos y escritos.

A los 25 se fue a Monterrey para trabajar en un comercio, "La India", donde durante seis años se hizo cargo de la correspondencia, y después se convirtió en empleado bancario; siempre combinando esas tareas, las cuales les permitían subsistir a él y a quienes de él dependían, con sus juegos versificadores y colaboraciones en distintos periódicos, cada día más solicitadas; El Espectador, El Grano de Arena, El Porvenir, El Sol, con sus versos y artículos reproducidos durante muchos años en diversos diarios de la República Mexicana.

En sus más apreciados momentos de esparcimiento, en las tertulias literarias con sus amigos poetas, le encantaban los retos, de los cuales solía salir airoso triunfador. Retos como el de escribir aquellos sonetos sin utilizar respectivamente las cinco vocales. Sin la E, sin la I, sin la O, sin la U. Como éste, sin la A, quizá el mejor de ellos:

> El sol en el cenit tiene esplendores,
> tiene hermosos crepúsculos el cielo;
> el ruiseñor sus trinos y su vuelo,
> corriente el río, el céfiro rumores.
> Tiene el iris sus múltiples colores,
> todo intenso dolor tiene consuelo,
> tienen mujeres mil pecho de hielo,
> y el pomposo vergel olientes flores.
> Tienen sus religiones los creyentes,
> tiene mucho de feo ser beodo,
> tiene poco de pulcro decir MIENTES.
> Todo lo tiene el que lo tiene todo,
> y tiene veinte mil inconvenientes
> escribir los sonetos de este modo.

O escribirlos solamente con palabras que empezaran con la letra C; o como el reto asumido aquella vez, grandioso, el de escribir un soneto de tres sílabas:

> Canoro,
> te alejas
> de rejas

de oro.
Y al coro
le dejas
las quejas
y el lloro.
Que vibre,
ya libre,
tu acento.
Tus alas
son galas
del viento.

O como aquel otro reto planteado por sí mismo, por el simple placer de hacerlo y sin competencia alguna, al escribir un soneto de cinco sílabas, Para Aurora, cuando su hija, mi abuela, cumplía 15 años, en 1919, estando ella fuera de Monterrey y él aquejado por algunas dolencias:

Hoy que es tu santo,
cruzando el viento
mi pensamiento
te lleva un canto.
Y es un encanto
que en el momento
del sufrimiento

yo pueda tanto.
No sobre el plinto
del arte monto
para este asunto.
A tu recinto
llego de pronto,
te beso y punto.

Siempre tuvo, como lo escribió su hijo Alfonso, "como rieles paralelos por donde corre el vivir, la cotidiana tarea y la vocación literaria: la oficina bancaria o mercantil -nunca gubernamental- y el bregar periodístico y poético".

Sé de su "Fecundidad insólita: montañas de artículos, diluvios de versos, algunas obras teatrales". Entre ellas "El Retrato de Papá" y "Dar de beber al Sediento", estrenada ésta por Prudencia Griffel en Monterrey, en 1909.

Llenó "toneladas de papel con una prosa transparente y una gallarda caligrafía".

Sus hijas, sus hijos, sus nueras, sus yernos y algunos de sus nietos y nietas le llamaban "Don Cele", porque "con esta apócope le abreviábamos la pena bautismal".

Siempre estuvo fuera de sus posibilidades la de viajar a España, la tierra de su padre, esa tierra lejana pero en su corazón tan cercana.

No se enteró de la existencia del futbol, no se entretuvo con esos partidos, pero tampoco sufrió con los otros, con el PRI, el PAN, el PRD y los demás, aunque sí le tocara el nacimiento de los dos primeros.

No conoció la televisión. Como grandes novedades en los medios de entretenimiento y comunicación, le tocaron el cine y la radio. En el caso del primero gozó con las genialidades de Chaplin, y lo segundo lo apreció y disfrutó sobre todo en su etapa final, cuando ya no salía de su casa.

Conozco su serena, fácil e inquisidora sonrisa, su pensativa y escrutadora mirada, solamente a través de las fotos.

Sé cuán prolífico fue como articulista y editorialista en diferentes periódicos y con innumerables seudónimos de por medio: Martín de San Martín, Armando Camorra, Modesto Rincón, Rubén Rubín, Quintín Quintana, Y Griega... y algunos más.

Fue amigo de mi otro bisabuelo muy destacado, Pablo Livas, abuelo de mi madre, reconocido escritor, profesor y educador que dejó un gran legado, y en Monterrey una escuela y una calle con su nombre, a pesar de haber vivido solamente 42 años, de diciembre de 1872 a febrero de 1915.

En 1898, Celedonio apantalló a Porfirio Díaz al declamar ante él una oda, durante una visita del eterno Presidente a Monterrey.

Después, durante el corto mandato de su amigo León de la Barra como presidente interino, mi bisabuelo colaboró tres meses en la Ciudad de México, en 1911, como secretario de Ernesto Madero, sobrino de Francisco. Año y medio antes de aquella Decena Trágica tan sangrienta y vergonzosa en la historia de nuestro país.

Sé que le gustaba el ajedrez, aunque no siempre encontraba con quién jugarlo.

Por lo que alguna vez escribió, puedo suponer cómo percibía a muchos de sus coetáneos con respecto a su manejo del lenguaje:

"Admiro a Samaniego, me maravilla Iriarte; en sus hermosas fábulas, ¡qué ingenio y qué donaire!, ¡cómo en forma tan fácil y castiza han hecho hablar a tantos animales!

"¡Qué chasco llevarían, si viviendo estos dos fabulistas intentasen obtener ese mismo resultado con tantos caballeros respetables!".

Durante 30 años, desde 1917 hasta su muerte, Celedonio fue miembro de la Academia Mexicana de la Lengua. O Mejicana, como dirían y escribirían él y su hijo Alfonso.

Todo eso fui descubriéndolo poco a poco; pero lo que no sé, más allá de lo reflejado en sus versos y editoriales, o en las cartas a su familia y a sus amigos, es qué pensaba y sentía con respecto a temas vitales, cuál era su opinión de la sociedad regiomontana, del derrotero del País, del mundo en que vivía, del futbol, la política, la religión, el sexo.

Mi tío Fernando, nieto suyo y excelente escritor y versificador, contó alguna vez el principal recuerdo con respecto a su abuelo: el de un viejito de 82 años sentado en su sillón mientras él, a sus nueve, empezó a tocar algunos de los objetos sobre el escritorio de Don Cele; y a éste reprendiéndolo y diciéndole:

– Las cosas se tocan con los ojos.

¿Cuántas cosas, a lo largo de su vida, se habrá conformado Celedonio con tocar solamente con los ojos?

Roberto Gómez Junco

# VIII

Si yo hubiera podido ayudar a mi bisabuelo a entender el futbol y a quienes tanto disfrutan jugándolo o viéndolo, suponiendo que a él le hubiera interesado entenderlo, quizá habría empezado por tratar de explicarle la belleza de este juego.

No sólo la belleza estética producto de la plasticidad o la destreza, la inherente a los despliegues individuales, los de jugadores capaces de dominar a elevados niveles el propio cuerpo, sino también la sutil belleza colectiva implícita en el movimiento de 22 futbolistas, 11 contra 11, los cuales para lograr sus propósitos deben organizarse porque requieren de un mismo objeto: el balón.

Tal vez le habría dicho que para acercarse a entender lo que significa el futbol como espectáculo, primero es necesario jugarlo, porque sólo jugándolo se puede después gozar cabalmente viéndolo; porque para apreciar cómo se juega primero debes entender cómo se siente cuando lo juegas, cuando no sólo eres tú con el balón sino también tú con las circunstancias del juego, tú con los compañeros y en contra de los adversarios.

Le señalaría cómo al entrar a la cancha el universo de los futbolistas se reduce durante 90 minutos a un área de 105 metros por 68, con tareas por realizar y objetivos por cumplir; con derechos, obligaciones, retos, metas, obstáculos y un enorme mundo de posibilidades.

Me habría referido, si me acordara, a lo que se siente la primera vez que pateas una pelota; y a cómo ésta puede llegar a convertirse no sólo en tu juguete preferido sino también en un refugio, en un escape, en un magnífico pretexto para desenvolverte en un espacio exclusivamente tuyo. Porque el futbol es de asociación, se juega en grupo, pero para empezar a jugar algo muy parecido y para jugarlo solo, bastan una pelota y una pared contra la cual rebotarla.

O hubiera hablado de la creciente satisfacción conforme vas logrando con mayor frecuencia que el balón, ya no pelota, se dirija exactamente a donde quieres que vaya.

Seguramente le hubiera añadido que para la humanidad entera la atracción ejercida por el objeto esférico es ancestral, que cuando no existían los balones se pateaban piedras, que si de niños no teníamos una pelota bastaba un puñado de calcetines hechos bola para saciar nuestro gusto por el juego, para satisfacer nuestra naturaleza lúdica.

Le hubiera mencionado cómo la práctica de cualquier deporte en general y del futbol en particular se convierte en un inmejorable conducto para transmitir e inculcar valores esenciales para el verdadero desarrollo integral de cualquier persona: el fortalecimiento del espíritu gregario del ser humano, la solidaridad, la conciencia de que algunos objetivos sólo se alcanzan trabajando en grupo, la disciplina y sus beneficios, el premio al sacrificio, el aprendizaje en el triunfo y en la derrota (aprender a saber ganar y saber perder), el entender que dentro de la cancha hay ciertas reglas que deben cumplirse; como es necesario cumplirlas en la vida.

Quizá le hubiera hablado de las sensaciones en carne propia cada vez que metes un gol, sobre todo si ese gol fue de gran calidad o de especial importancia para el resultado de un partido vital.

Por no hablarle de aquel gol de Maradona contra los ingleses, o mencionar el de Messi ante los bilbaínos, o el de Zidane contra Bayer Leverkusen, o el de Pelé ante los checos, o el de Van Basten contra los soviéticos, o el de Bergkamp ante los argentinos, o el de Borgetti contra los italianos, o el de Hugo Sánchez ante Logroñés, o el de Negrete contra los búlgaros o el de Cuauhtémoc Blanco ante los belgas.

Podría haberle dicho que como espectáculo el futbol puede funcionar como indispensable mecanismo de escape para millones de personas, aunque por desgracia con él medren quienes lo utilizan como el circo que a la mitad de esos millones le haga olvidar la falta de pan.

Probablemente le hubiera comentado cómo a través de las injusticias que pueden producirse en la cancha, de la cual no siempre sale ganador quien mejor jugó, quien mejor juego desplegó, puedes acercarte a entender esas otras injusticias de mayor trascendencia, con las que tanta gente se topa en la vida.

Hubiera utilizado la analogía entre el futbol y la guerra, el enfrentamiento de dos adversarios, el combate entre dos bandos, ambos empeñados en vencer al otro, en dominarlo, en someterlo, en doblegarlo. Con las sustanciales diferencias a favor del futbol, que se juega con equidad de reglas y de armas, donde son la habilidad, la destreza y la capacidad de los contendientes los factores decisivos para lograr la victoria, donde no gana quien mate a más rivales sino quien meta más goles.

Tal vez a través de mi plática él hubiera compartido conmigo el deseo de ver convertido a este deporte en un portentoso vehículo de paz, para aspirar a un mundo donde no sólo sería imposible desatar una guerra entre naciones como consecuencia de un partido de futbol, sino donde además sería precisamente ese juego el encargado de resolver los grandes conflictos. Un mundo donde en lugar de lanzarse bombas para "demostrar" tener la razón, se dirimiera todo en una cancha, con los 11 mejores representantes posibles de cada país en ese rubro, durante 90 minutos, con un balón de por medio en lugar de los cañones, los misiles y las balas.

Le explicaría cómo el ámbito del futbol puede servir para entender un poco mejor el de la política, cómo sendos mundos comparten algunas peculiaridades; la competencia no siempre leal, la improvisación, los golpes bajos, la contaminación producida por los múltiples intereses en juego. Con una diferencia esencial: a los altos niveles de la política y del Gobierno puede llegar cualquiera y suelen no ser los mejores quienes llegan; y en el futbol alcanzan la cúspide solamente quienes mejor juegan, quienes durante cada día de cada semana de cada año se ganan a pulso, con su esfuerzo y su calidad, el derecho de jugar.

Le hubiera mostrado, si ya se hubieran escrito, libros como el de *Sueños de Fútbol*, de Jorge Valdano, o *El Fútbol a Sol y Sombra*, de Eduardo Galeano; o ese otro ensayo de Vicente Verdú, *El Futbol: mitos, ritos y símbolos*; o algo de lo dicho o escrito sobre esa materia por Juan Villoro y Eduardo Sacheri, para que así contara con un panorama completo.

Podría haber añadido que ser futbolista es el sueño de millones que solamente miles hacen realidad, que jugar a cualquier nivel conlleva un placer indescriptible, que ser futbolista profesional es una privilegiada forma de olvidarse de otras cosas.

Sería larguísima la lista de argumentos para ser esgrimidos, de razones disponibles para ser enarboladas a favor de este juego, pero de nada hubieran servido si por él Celedonio no sintiera la menor atracción después de haber visto dos o tres buenos partidos; porque el futbol te gusta y te atrapa con verlo dos o tres veces, o no te gustará ni atrapará nunca.

Aunque no le hubiera interesado ni me lo hubiera creído, es indudable que a pesar de haber disfrutado de tantas cosas, también se perdió de mucho.

# IX

Para adquirir cierto derecho de criticar, casi siempre amigablemente, a su entorno y a los demás, nunca dejó de burlarse de sí mismo, empezando por su propio nombre.

Como en aquel día, el 29 de octubre de 1937, cuando nació su nieto Gerardo y los felices padres, Roberto y Aurora, mi abuelito Bobby y mi abuelita Yoya, le enviaron desde Torreón hasta Monterrey un telegrama para anunciarle dicho nacimiento y amenazarlo en plan de broma con la posibilidad de ponerle como nombre Celedonio al recién nacido.

Muy pronto llegó a Torreón el telegrama de respuesta:

> El gozo nos enciende en viva llama,
> con saber que ese niño vino al mundo;
> y pese a lo que dice el telegrama,
> hago este ruego con amor profundo:
> ¡No vayan a ponerle al pequeñuelo
> el nombre abominable de su abuelo!

¿Cómo le habrán llamado de cariño, por cierto, a un niño de nombre Celedonio?; ¿Cele, Celito, Celedito, Celedonito?

Así como se burlaba de su propio nombre y trasladaba esa burla a sus rimas y epigramas, cualquier motivo servía para darle rienda suelta a sus ímpetus versificadores, tanto en los momentos de gozo como en los días de sufrimiento, tanto con respecto a los asuntos meramente cotidianos y domésticos como en los instantes festivos. O como en los pasajes de tremendo DOLOR, título de un poema escrito por él cuando murió Ernestina, una de esos cuatro hijos que no llegaron a niños.

Así iniciaba dicho poema:

En vano querría
forjar una estrofa
que exprese del alma
la inmensa congoja.

Dos de esos cuatro bebés murieron antes del nacimiento de mi abuela, a quien por tal motivo Celedonio le dedicó un soneto con estas dos cuartetas iniciales:

¡Cuál vigoriza el ánimo abatido
la vida suya, de mi hogar presea!,
¡Avecilla sin alas que gorjea
con el regazo maternal por nido!

Su nombre celestial, Aurora ha sido,
y la ilusión se aviva ante la idea
de que su sino sobre el mundo vea
a claridad perpetua sometido.

Siempre sintió el enorme privilegio de considerarse y saberse poeta, aunque también supiera que de eso no podría vivir nunca. Para conseguir el necesario sustento para él y los suyos, para poder subsistir con el más elemental decoro aunque fuera viviendo al día, para aspirar en ese renglón a la deseable "dorada medianía", era indispensable trabajar desempeñando las otras tareas y labores, los modestos cargos que le fueron ofrecidos o pudo conseguir durante 60 años, de sus 13 a sus 73, cuando sus achaques y su gente lo obligaron a tomarse el merecido descanso.

Entre esas labores y tareas la de periodista, la de editorialista, ejercidas cada vez con mayor convicción y sobrada desenvoltura, pero sin olvidar nunca su primigenia condición de poeta.

¿Cómo comparar ese enorme pero único privilegio de calificar como poeta, por ejemplo, con los innumerables privilegios de los futbolistas?

No sólo eso de estar en algunos casos muy bien pagados por hacer lo que más les gusta y los ayuda a cumplir con lo de mente sana en cuerpo sano, lo que si no les pagaran por hacerlo de cualquier forma harían gratis, como una necesidad de probarse a sí mismos y demostrarles a los demás cuáles son sus capacidades en la cancha.

O lo accesible de sus horarios, porque con dos horas y media de entrenamiento suelen quedar cubiertas sus obligaciones del día. O que cuenten con la tentadora posibilidad de llegar a ser admirados, reconocidos y a veces hasta respetados. O porque para jugar viajen y al viajar conozcan lugares que de otra forma no hubieran conocido.

Está también esa otra parte nada común y especialmente valiosa: el producto de su trabajo, lo que hacen bien o hacen mal, recibe de inmediato la respuesta del público, de los televidentes, del propio técnico, de los compañeros o de los adversarios.

Las ovaciones y los abucheos, las críticas y alabanzas se producen un instante después de los aciertos o los errores, y esa inmediatez de juicio y sentencia funciona como inmejorable estímulo, como idóneo acicate para seguir adelante con renovados ánimos.

Seguramente Celedonio tardaba un buen rato en recibir alguna respuesta por sus versos, sus escritos, sus columnas periodísticas; por no hablar de las labores desempeñadas como empleado bancario o de oficina. Y en realidad, por desgracia, en sus tiempos y en los actuales, la mayoría de la gente no trabajaba ni trabaja en lo que le gustaba y le gusta, ni recibía ni recibe la recompensa suficiente por su rutinario trabajo, desgastante y agotador.

Claro, sin duda alguna los futbolistas se ven sometidos a un tremendo desgaste, obligados a realizar grandes sacrificios, a desenvolverse en un ambiente nada sencillo, a lidiar día tras día con compañeros, entrenadores y dirigentes de diversos niveles educativos, económicos y sociales; pero todo ello con la inigualable recompensa, con la ensoñadora posibilidad de jugar cada fin de semana y de cobrar muy bien por hacerlo.

Quizá el principal precio que los futbolistas profesionales se ven obligados a pagar por contar con tantos privilegios, es la brevedad de su carrera, los 10 ó 15 años disponibles para jugar en el balompié de alta competencia, breve lapso que, después, la mayoría de ellos se arrepiente de no haber aprovechado al máximo.

– "Aunque también está cabrón eso de los altibajos y los vaivenes", me dijo en alguna ocasión mi amigo, un tanto alicaído porque el anterior sábado había fallado un penal.

– ¿Cuáles vaivenes y altibajos?

– Ese sube y baja semanal de los triunfos y las derrotas.

– Sí, es cierto.

– Cómo de una semana a otra pueden cambiar tanto las cosas, bien pinche voluble todo.

– Eso es lo de menos. Lo importante es cómo proceses tú mismo esos altibajos y vaivenes.

– Y no es nada fácil procesarlos, asimilarlos, vivir con ellos.

– Para eso es necesario estar preparado, y es otro de los valores que te inculca y fortalece el futbol.

– ¿Cuál valor?

– Ése, el de aprender a ir adquiriendo la suficiente madurez para digerir los triunfos y las derrotas, para estabilizar tus emociones y no sufrir también en tu estado de ánimo esos altibajos, o para sufrirlos en menor medida.

– Sí, como que debes mantenerte ecuánime al ganar y al perder.

– Porque no puedes, porque ni tu mente ni tu corazón ni tu cerebro ni tu organismo están hechos para eso, sufrir esos desequilibrios e inestabilidades y estar semana tras semana sujeto a esos tremendos cambios, elevándote en exceso cuando ganas y hundiéndote hasta el fondo cuando pierdes.

– Claro, porque un domingo puedes ser el gran héroe, el anotador del gol de la victoria, y el siguiente sábado eres el pendejo que falló el penal que hubiera servido para el empate.

– Tú lo has dicho. Ni más ni menos.

# X

Lo llamaron "el poeta de Monterrey", y a dicha ciudad le compuso un extenso poema al participar en un concurso, ganado por él, durante los festejos del Centenario de la proclamación de la Independencia, en los Juegos Florales, evento organizado por el Centro Español.

Ese 23 de septiembre de 1910, cerca de cumplir sus 47 años, en el Teatro Independencia, él mismo recitó dicho poema, cuyo inicio habla de la "Ciudad de las Montañas", término utilizado al año siguiente por Alfonso Reyes para referirse a Monterrey y así dejar la descriptiva frase para la posteridad.

He aquí la primera cuarteta de Celedonio:

> Te cumple ser, ciudad de las montañas,
> la que con noble aspiración elija
> por disputar en tu floral torneo
> el máximo laurel, la musa mía.

Y el inicio del extraordinario poema de Reyes, "el regiomontano universal", escrito en 1911:

> Monterrey de las montañas,
> tú que estás a par del río;
> fábrica de la frontera
> y tan mi lugar nativo,
> que no sé cómo no añado
> tu nombre en el nombre mío.

Así quedó incorporado lo de "Ciudad de las Montañas" como sinónimo distintivo de Monterrey, como natural antonomasia.

Quizá lo mejor de aquella poética composición de Don Cele dedicada a su ciudad adoptiva, sean estos versos:

> ¡Vida, sí, generosa y alta y bella,
> la que tú sintetizas,
> la que va desbordando en tus talleres,
> la que en tus magnas fábricas radica,
> la que tu industria y tu comercio entrañan,
> la que en tu noble corazón palpita!

Había ganado también otro certamen literario al componer un soneto sobre Miguel Hidalgo, soneto elegido como el mejor entre otros enviados por varios poetas de prestigio nacional para atender a la convocatoria de un diario tapatío, El Correo de Jalisco. En él, Celedonio plasmaba, como solía hacerlo cuando se ofrecía, su visión hispanista del encuentro de los dos mundos, siempre pensando en la tierra de su padre como la Madre Patria a la cual agradecerle y no como el enemigo conquistador al cual reprocharle.

También elaboró en otra ocasión un poema sobre Benito Juárez, para así dejar constancia de su admiración por "El Indio de Guelatao" y de alguna forma deslindarse de la animadversión sentida hacia el insigne oaxaqueño por los recalcitrantes católicos de aquel entonces.

Dicho poema concluye con la siguiente estrofa:

> Y así, vuelta la faz a donde nace
> el gigantesco padre de los soles,
> te erguirás en lo alto, allá en la cumbre,
> firme, de pie, como esculpido en bronce.

Uno de sus tres libros publicados es el de "Sonetos", el cual recoge lo mejor y más logrado de su obra. Bien pudo haber acariciado y abrazado ese libro, y con él sus aspiraciones existenciales, al saberse calificado y graduado como destacado poeta. Como sucede con los futbolistas cuando debutan en Primera División, cuando anotan un gol, cuando son convocados a la Selección Nacional, cuando juegan en una Copa del Mundo, cuando se saben consolidados entre los mejores.

Otra de las diferencias entre los futbolistas y los escritores o los poetas radica en los respectivos procesos de maduración, porque para el futbolista el tiempo juega primero a favor y después en contra. Va desarrollándose y creciendo como jugador hasta alcanzar su plenitud normalmente entre los 25 y los 30 años, para después, tarde o temprano, entrar sin remedio en un declive. Pero los escritores y los poetas, en cambio, supuestamente deberían incrementar su capacidad como tales conforme van creciendo, madurando, envejeciendo. Aunque abundan los casos de grandes autores cuya obra magna se produce temprano, en los primeros años de ejercer su oficio; tal vez porque a la profunda reflexión de la vejez suele superarla la incontenible y desbordante energía de la juventud.

Para Celedonio, el bienestar de su familia, la tranquilidad en el hogar y la propia paz interior eran cimiento indispensable para desarrollar libre y alegremente su capacidad creadora, como para el futbolista su estabilidad fuera de la cancha es necesaria para rendir adentro.

Según su hijo Alfonso, con respecto a la casa de Don Cele, "En aquel hogar alborozado, resonante de risas y de besos, eran turistas los enojos y residentes las alegrías. Nunca se vio sino limpieza y rectitud; la salud moral era algo tan connaturalizado y familiar como el aire que se respira."

Jugaba a versificar con su hija Aurora, mi abuela, y en familia sus epigramas en corto eran cosa de todos los días; como el dedicado a su hija Blanca, por ejemplo:

> Aunque mi decir te asombre,
> sé que te llevas la palma
> sólo por tener el alma
> tan blanca como tu nombre.

Escribió otro soneto con el mismo nombre, Blanca, dedicado a José López Portillo y Rojas por el nacimiento de su nieta. Soneto incluido en ese segundo libro prologado por su amigo, quien por cierto, según pude comprobar después, era quien había dicho, muchos años antes, que Celedonio "había nacido adulto en la carrera de las letras".

Podía mi bisabuelo ponerse serio en los temas y profundizar con sus versificaciones, pero siempre estaba latente su faceta festiva como poeta, dispuesta a manifestarse a la menor provocación o ante cualquier motivo.

En una ocasión, esperando impaciente a Nazario, joven encargado de entregarle su sueldo a domicilio, Don Cele elaboró esta especie de soneto-trabalenguas:

> ¿Será preciso que al gentil Nazario
> le dirija un soneto escrito en serio,

para que pueda yo en mi cautiverio
recibir el pedido numerario?
Que vivo de los frutos del salario
no lo puedo tomar como dicterio,
pues nunca para nadie fue misterio
que no soy opulento propietario.
No me atrevo a clamar a San Porfirio
porque fuera pecado bien notorio;
mas clamo a San Honorio o San Saturio,
por ver si así, calmando mi martirio,
manda, por San Saturio o San Honorio,
Nazario el numerario a mi tugurio.

Una y otra vez los asuntos diarios como instrumentos para desahogar sus afanes versificadores, asimismo disponibles para abordar y desmenuzar los grandes temas.

Pero también tenía su propia poesía amorosa, no tan festejada como sus versos cotidianos y sus incisivos epigramas, a pesar de ser quizá de mayores alcances:

POR ESO
Preguntas por qué no hago
versos al cielo y al sol
y a las aves y a las flores.
¿Sabes, mi bien, por qué no?

Porque el acento del ave
lo escucho siempre en tu voz,
porque el nombre y la belleza
posees de cierta flor,
y el color del cielo tienen
tus ojos, que son mi sol.
¿Para qué, pues, canto al ave,
al cielo, al sol y a la flor,
cuando mis amores canto
a ti, que has sido mi dios,
y en quien miro siempre unidos
luz, gracia, acento y color,
tesoros todos que encierran
cielo y ave, flor y sol?

Para entender en buena medida cómo percibía esa privilegiada tarea de la versificación, esa responsabilidad al desempeñar las labores poéticas, queda también como elocuente constancia lo que alguna vez le aconsejó

A UN POETA NOVEL
No tengas, bardo, a desdoro,
pulir con tesón el verso,
por exhibirlo tan terso
como lámina de oro.

Bien está; mas el decoro
de la musa que se estima,
pide que limar la rima
sea tan sutil labor,
que no perciba el lector
los chirridos de la lima.

Sin ser amplios mis conocimientos en esa materia y en esos menesteres, no hay verso de Celedonio en el que yo haya percibido chirrido alguno.

# XI

– ¿Cómo ves a este güey?

– ¿A cuál?

– A nuestro pobre entrenador, con todo lo que acaba de decirnos en su dizque charla técnica.

– Ah, sí, increíble; yo nunca he entendido por qué en el futbol se plantea con tanta frecuencia esa falsa disyuntiva.

– ¿Por qué falsa disyuntiva?

– Porque es obvio que al jugar bien incrementas tus probabilidades de ganar.

– Pues sí, claro.

– Y sin embargo muchos insisten una y otra vez, como acaba de decirlo nuestro rudimentario director técnico, en que "lo importante no es jugar bien, sino ganar", como si hacer lo primero se opusiera a lo segundo y no lo facilitara, como en realidad sucede.

– Por supuesto; pero además no sé si confunde lo de jugar bien con jugar bonito.

– Seguramente lo confunde y piensa en los adornos y las florituras, en esos caracoleos para lucirse con los espectadores, no siempre parte del bien jugar.

– Sí, de seguro tampoco distingue entre los vistosos jugadores del balón y los verdaderos jugadores de futbol.

– Claro, cualquier malabarista de la pelota le llena el ojo, lo deja maravillado.

– Por esa visión tan pobre se confunde también con lo de jugar bien o ganar, como si una cosa impidiera la otra.

– Y si él está confundido imagínate algunos de nuestros compañeros. Para ahorita ya estarán pensando que el domingo necesitamos jugar mal para poder ganar.

– A veces ya no se sabe cuáles son peores técnicos: los pinches simplistas poco preparados como éste, o los mamones que pretenden hacerse los científicos y complican un juego tan sencillo.

– Sí, quienes pretenden hacerse los ajedrecistas cuando ni a las damas chinas le entienden.

– O ésos empeñados en hablar de formaciones y "parados" como si así demostraran ser amplios conocedores. Como pasa también con la mayoría de los supuestos especialistas.

– Así es. Hablar de 4-3-3, ó 4-4-2, ó 3-2-5, ó 3-2-3-2, ó 4-1-2-2-1, pretendiendo apantallar con simples numeritos.

– Sin conocer siquiera el verdadero concepto de Sistema de Juego y todo lo que implica y abarca, más allá de esas evidentes formaciones, de esos sencillos y elementales puntos de partida.

– Sí, mucha improvisación e incapacidad entre los técnicos y entre los analistas; ya no digamos entre los dirigentes. Ni a cuáles irles.

– Bueno, pero a nosotros sólo nos queda cumplir con nuestra parte.

– Así es; hacer lo que nos corresponde y de la mejor forma posible, aunque a veces no entendamos cabalmente el sentido de algunas de las tareas que nos encomiendan.

– Lo bueno es que al acabar cada partido tú y yo sabemos si jugamos bien o mal, y qué tan bien o mal lo hicimos.

– Claro, como lo sabe cualquier futbolista. Porque podemos hacernos tontos ante los demás o incluso ante el técnico, con mayor razón si éste no distingue; pero no nosotros solos. Al terminar el juego sabemos perfectamente si nuestro desempeño fue el adecuado o no.

– Haz de cuenta tu antepasado ése, Babilonio, el poeta sobre el que tanto te gusta hablar.

– Celedonio. ¿Qué tiene?

– Ándale, ése. Pues me imagino que de inmediato él sabía si estaba bien escrito lo que acababa de escribir, cuánto valor literario o poético tenía, si sus versos servían para algo o no.

– De seguro lo sabría.

– Obviamente, desde el momento de estar escribiéndolo, imaginando o componiendo cualquier cosa.

– Sí, y no me lo imagino preocupado porque esos versos o sus libros se vendieran lo más posible sin importar tanto la calidad de lo escrito; como en el futbol algunos piensan que siempre y cuando se gane, lo de menos es cómo.

– Medio forzada tu comparación, porque son cosas muy distintas.

– De acuerdo, exageré, es cierto, porque además lo de escribir es un asunto individual. A diferencia de lo requerido en el futbol, lo escrito por mi bisabuelo no necesitaba entonarse, conjugarse, compaginarse o embonar con lo que escribieran otros.

– ¿Cómo?

– Sí, el ejercicio de la escritura es de uno solo, pero en el futbol no basta con que cada jugador lo haga bien; se necesita, sobre todo, un buen funcionamiento colectivo, a un conjunto capaz de manifestarse como tal.

– Y ahí sí muchos batallan para acertar en el diagnóstico, porque no siempre es tan fácil distinguir qué tan bien jugó un equipo.

– Empezando por distinguir y definir el significado de jugar bien.

– ¿Y para ti qué es jugar bien?

– Para jugar bien es necesario cumplir con varios requisitos en diferentes renglones.

– ¿Como cuáles?

– Saber cerrar los espacios al defender y ampliarlos al atacar, por ejemplo.

– La cuestión es cómo conseguirlo.

– Siendo coordinados en los movimientos y solidarios en los esfuerzos. Funcionando como conjunto y en bloque al contraerse pero también como acordeón al desplegarse.

– Como inicio y en teoría suena bien.

– Además, manejar el balón con solvencia y pulcritud, teniéndolo poco en lo individual para tenerlo mucho en lo colectivo.

– Pero primero es necesario arrebatárselo al rival.

– Sí, trabajar con eficiencia en la recuperación de la pelota, logrando con la mayor frecuencia posible imponer superioridad numérica cerca de ella.

– Y también saber manejar el balón de acuerdo a la zona de la cancha en que está.

– Claro, con seguridad atrás, con claridad e imaginación en medio y corriendo más riesgos adelante.

– Defendiendo todos y atacando todos.

– Cada uno con tareas específicas con las cuales cumplir cuando se tiene el balón y cuando se pierde.

– Sí, y ahí es donde te topas con la capacidad de cada director técnico para acertar al encomendar esas tareas pensando en el beneficio colectivo.

– En ése y en todos los rubros mucho puede y debe influir el entrenador.

– ¿Algo más?

– Como conjunto, grupalmente, ser capaces de producir con tersura, con naturalidad, la transición de labores defensivas a labores ofensivas.

– Solidaridad y convicción al recuperar, precisión y claridad al distribuir.

– Sí, y entender que tener el balón es la mejor forma de defenderse.

– ¿La mejor defensa es el ataque?

– Puede y suele serlo, pero debe entenderse también que el mejor de los ataques debe tener como sustento la necesaria solidez defensiva.

– Sólo partiendo de una buena defensa puede aspirarse al pleno desarrollo del propio potencial ofensivo.

– Así es, y entre mejor defienda un equipo más rápido recuperará el balón y más cerca podrá hacerlo de la portería contraria, para así iniciar sus ataques en posición ventajosa, propicia para exhibir su poderío ofensivo a plenitud.

– Y también está lo de la actitud y la disposición para correr todos parejo.

– No sé si parejo, pero sí repartirse equitativa o razonablemente el terreno y el esfuerzo.

– No, pues haciendo todo eso no te gana nadie.

– Quién sabe, porque tampoco podemos olvidarnos de una premisa irrefutable.

– ¿Cuál?

– En el futbol siempre haces y dejas de hacer en función de los adversarios que tienes enfrente.

– Pinche premisa tan obvia.


Aún más entretenidas eran nuestras conversaciones cuando en ellas intervenía otro compañero del equipo, todo un especialista en confundir palabras y torcer frases o refranes.

En repetidas ocasiones dicho compañero nos decía: "Yo no tengo vela que me entierren", para referirse a los diversos asuntos en los cuales afirmaba no tener injerencia alguna.

Una vez, cuando lo abordamos repentinamente, tomándolo desprevenido, de inmediato exclamó: "Me pescaron palpando moscas".

Cuando mi amigo se excedía platicando y presumiendo sus logros, ese otro compañero invariablemente le advertía: "Nada más te lo recuerdo: más pronto cae un hablador si es cojo".

A veces, con algún argumento mío incomprensible para él en determinada discusión, se enojaba y me decía: "No me salgas con la tangente y contéstame eso".

También criticaba a otros compañeros por no experimentar en cabeza ajena, por no entender cuán fácilmente podían perder la titularidad si no se esforzaban en los entrenamientos: "Estos cabrones no ven la tempestad cuando se hincan".

Como tenía más tiempo jugando y era mayor y más reconocido que nosotros, acostumbraba aconsejarnos en aras de incrementar nuestro rendimiento: "Te voy a dar un tic muy bueno para mejorar en tu cabeceo, pero acuérdate que al ataque no te conviene ir en todas, sino sólo esperiódicamente".

Al hablar de un jugador que pretendía quitarle su puesto en la Selección, nos dijo que "Para conseguirlo él tendría que pasar bajo mi cadáver, porque estoy decidido a ir al Mundial y voy a conseguirlo a cuesta de lo que sea; y cuando así se lo dije, cara a cara y en frente de él, se puso como loco y me armó todo un San Fermín. Pero le salió el tiro por la cubeta, porque yo, ni raudo ni perezoso, le respondí muy aireado y lo puse en su lugar".

En otra ocasión, cuando le reclamamos por haber aceptado firmar un acuerdo con los dirigentes desventajoso para nosotros, se hizo el ofendido y nos dijo: "Yo no fui, esa firma es hipócrifa". Y cuando le aseguramos habernos enterado de eso por fuentes fidedignas, solamente respondió: "Para empezar, yo ni siquiera conozco a ninguna Fuentes ni a ninguna Fidedigna".

Una y otra vez nuestro divertido compañero, con su peculiar humorismo involuntario, aderezaba las conversaciones con frases como las siguientes:

– "Por equis o por mangas decidí mejor no hacer nada".

– "Tanta culpa tiene el que mata a la vaca como el que mete la pata".

– "No, para nada es caro; eso vale una vil coca".

– "Aproveché el momento y maté un pájaro de dos tiros".

– "Esa chava es muy fría, es un tímpano de hielo".

Todo un personaje nuestro compañero, a quien afectuosamente nosotros dos llamábamos Dislalio, aunque él nunca entendió por qué.

A mi bisabuelo seguramente le hubiera encantado conocerlo.

Roberto Gómez Junco

## XII

Celedonio también fue "en la lucha de la vida roble, que queda en pie tras la borrasca fuerte"; y "tan sólo se abatió su frente noble, ante un rayo implacable: el de la muerte".

En cada uno de sus versos se asomaba una parte de su personalidad.

Quizá tomando como referencia la canción alusiva a esos tres asuntos, escribió estas cinco cuartetas el 19 de marzo de 1939, a sus 75 años:

SALUD, AMOR Y DINERO
En la vida considero
que las gentes son dichosas
disfrutando estas tres cosas:
salud, amor y dinero.
Mirando la vida así,
ahora que viejo estoy
un breve resumen doy
de aquello que pasa en mí.

De salud, a la verdad,
en lo que tengo convengo,
porque las lacras que tengo
son las propias de mi edad.
Es recíproco el afán
que en amor está fundado,
y vivo regocijado
con lo que doy y me dan.
¿Y dinero?, la fortuna
no me impuso su rigor.
Poca salud, mucho amor,
pero moneda... ninguna.

Si en anteriores pasajes de su vida la apretada situación económica pudo llegar a preocuparle, a esas alturas, recién retirado y en condiciones un poco más holgadas, sólo agradecía no haber necesitado nunca, para ser feliz, de más dinero.

Quince años antes, a sus 60, conservaba, como rasgo distintivo de su juventud, la mirada pensativa, serenamente escrutadora. Habiéndose despedido de su bigote, sin esa especie de camuflaje la nariz lucía más pronunciada; y quizá también las orejas, con menos cabello alrededor para arroparlas. Usaba ya, obligadamente, los grandes lentes de la época. Envejecía con dignidad; aún no lo habían derrotado los años.

El ilustre pigmeo

En alguna ocasión su hijo Alfonso lo describió como "nervioso, cordialísimo, de plática vivaz", y esa vivacidad puede presentirse en sus fotografías.

Pero le tocó vivir en plena Revolución Mexicana, por fortuna estando durante la mayor parte de ella en Monterrey, no tan cerca de la violencia, los balazos, las traiciones, los despojos, matanzas, abusos y violaciones.

Cuando el movimiento revolucionario estalló, cuando el desorden generalizado cundió, él estaba cerca de completar su quinta década de vida, y para entonces ya había producido y publicado lo esencial de su obra como poeta, pero seguía divirtiéndose mientras escandía trisílabos, pentasílabos, octosílabos o endecasílabos.

Su amistad con Bernardo Reyes y su fallida experiencia maderista fueron sus únicos acercamientos a la política, y sobre ese tema después prefirió no escribir, como lo avisó al iniciar sus colaboraciones para El Porvenir, en 1919.

Sin embargo, fue fortaleciéndose su vocación de editorialista, acentuada cuando inevitablemente cambió de periódico para colaborar en el de su hijo Rodolfo a partir de 1922.

En esa ocasión un amigo le preguntó por qué dejaba El Porvenir para irse a El Sol, y él de inmediato le respondió: "Porque en El Sol hay más porvenir".

Esclarecedoras de su manera de vivir y sentir aquella etapa de su labor como periodista, son las cartas intercambiadas con

Alfonso, su hijo en la Ciudad de México ya reconocido nacionalmente, y él en la brega desde su entrañable tierra regiomontana.

Sirven como ejemplo algunos de los párrafos de una carta enviada por él aquel 30 de marzo de 1922, cuando ese periódico familiar, El Sol, estaba por arrojar sus primeros ejemplares:

"Mi visita fue todo lo agradable que tenía que ser al lado de personas tan afables y cumplidas. Descansé de trabajos mentales, pero no del cuerpo; pues hicimos un viaje en automóvil.

"Ahora aprovecho unos instantes vespertinos para cumplir 'este grato deber paternal', a eso de las cinco de la tarde.

"Muy justa tu observación, y ya quedas entre los colaboradores de EL SOL, al lado de personajes de calidad y rumbo. Ya lo verás. Inútil contarte todo el trajín y el entusiasmo que se advierte en los bajos de Morelos 61. Sobran curiosos y amigos que van a ver el funcionamiento de linotipos. Antes de salir el periódico ya lleva metido bastante ruido.

"Tengo que irme a la imprenta para corregir unas pruebas. Hasta otra vez, con cariños para el tríptico metropolitano.

"Tu padre, que no los olvida."

O estos párrafos de la carta enviada el 17 de junio de ese mismo año:

"Rodolfo está haciéndola de prensista desde el domingo pasado. Se separó el mecánico que vino de ahí con ese objeto, y Rodolfo entró a formar. Yo temí algunas dificultades, pero ni siquiera se le presentaron. Ya tu hermano es ducho en la materia. Se ahorran con esto algunos centenares de pesos al mes; pero yo creo que habrán de buscar más tarde un individuo capaz. Rodolfo trabaja bastante en el día para atender también este otro asunto, que comienza como a las tres o cuatro de la mañana. Sin embargo, hasta hoy él está muy satisfecho.

"Ya tu mamá les ha escrito acerca del nieto varón. Está gordísimo el muchacho, y no da guerra según los padres. Creo que de Junco nada tiene. Es puro Gómez. Contrasta con la hermanita, por morenito y hasta por robusto".

O el inicio de aquella carta del 20 de junio, en ese mismo 1922 que marcó el arranque de la más importante empresa periodística en la historia de Monterrey, convertida a la postre, desde finales de ese mismo siglo, en una de las de mayor prestigio a nivel nacional:

"Mi Alfonso:
"Te escribí el 17, y devuelvo ahora la carta del Sr. Lic. Elguero, con aceptación de Luis por dos artículos mensuales a razón de $ 15,00 cada uno.

"Le dio mucho gusto saber que el Señor Elguero se halla dispuesto a colaborar, y queda facultado para escribir sobre materia política - moderada como él acostumbra -, en forma de que no afecte intereses de la empresa. Quizá el tema bolchevique le dé abundante materia. Lo importante es que el asunto religioso no se toque, como no sea levemente y de paso. Ya quedaron explicadas las razones de esta decisión.

"Besos y caricias al tríptico. Tu padre, Celedonio".

Cariñosamente le llamaba "tríptico" al conformado por Alfonso, su esposa y su hija, la segunda nieta de Don Cele.

Durante 15 años mi bisabuelo enriqueció las páginas de ese periódico, lo alimentó no sólo con lo directamente escrito en sus reconocidos editoriales. Pero después el inexorable paso del tiempo y una hemiplejia trajeron consigo los inevitables estragos, y considerando esas circunstancias y el gradual deterioro, sus seres más cercanos lo convencieron de abandonar sus labores, sus afanes y tareas, de quedarse descansando en su casa para ser cobijado por ellos, apapachado en la última etapa de su vida:

"Sus hijos le impusimos el descanso, y así, con desahogada espontaneidad, dedicóse a despilfarrar versos de ocasión y a entretenerse plácidamente en su rinconcito regiomontano".

Sólo puedo tratar de imaginar el vacío sentido y sufrido en esos momentos por Celedonio, al verse obligado a cambiar por completo su vida, la rutina diaria, al verse reducido a los espacios exclusivamente familiares, por más que le encantaran.

Claro, un vacío para nada comparable con el que sentimos y sufrimos mi amigo y yo cuando en julio de 1988 dejamos de ser futbolistas en activo.

Así llegaban a su fin sus 15 años en Primera División y los 13 míos; de 1975 a 1988, durante ese lapso en el cual, a nivel mundial, Maradona marcó toda una época con sus dotes extraordinarias, inusitadas.

Fue extenso y terapéutico, catártico, lo platicado por mi amigo y yo con respecto a nuestro retiro. Tan afectados con nuestra nueva realidad, que la plática de mutuo consuelo terminó con su contundente pregunta:

– ¿Y ahora qué chingados vamos a hacer?

# XIII

Pasaron cuatro años y volvimos a vernos cuando casualmente nos encontramos en una cafetería.

– ¿Cómo va tu dizque proyecto ése de escribir sobre tu pariente antepasado?

– Medio congelado, pero a mí también me da gusto saludarte. Aunque fíjate que algo se calentó mi idea ésa con un sueño que tuve la semana pasada.

– Ah, chingá.

– Sí, soñé con él.

– No, cabrón, estás más grave de lo que pensaba. ¿Y qué soñaste?

– Que coincidía con él en una reunión familiar, en una sala para mí irreconocible, en la que estábamos seis o siete personas, entre ellas mis papás, a quienes yo les tomaba las manos y no los soltaba; y todos escuchábamos muy atentos su plática.

– ¿Y como qué platicaba?

– Contaba toda su vida, hablaba de su infancia en Matamoros, de sus maestros y sus amigos de la Primaria y principios de la Secundaria, lloraba al mencionar a su padre, recordaba con gusto su traslado a Monterrey, explicaba cómo su apremiante situación económica siempre le había preocupado pero nunca agobiado, y cómo desde joven empezó a gustarle primero y a divertirle después la versificación.

– ¿Y por qué empezó a gustarle?

– Porque algunas cosas incomprensibles le resultaban más fáciles de digerir al convertirlas en epigrama.

– ¿Eso dijo?

– Sí, eso platicaba en el sueño; y después hablaba de sus amigos de la madurez, de sus colegas poetas y escritores, de las interminables e inolvidables veladas y tertulias literarias, y finalmente se refería con mucho orgullo a sus hijos y a la numerosa y tan unida familia que entre Elisa y él habían forjado.

– Algo extenso y muy explícito tu sueño.

– Muy explícito, muy vívido; y lo más curioso sucedió al final.

– ¿Qué pasó?

– Se despidió de nosotros, caminó hacia la puerta de salida de esa sala, la abrió, giró para volver a vernos, hizo una pequeña pausa y se dirigió a mí.

– ¿A ti?

– Sí, a mí, se me quedó viendo y de repente, así nomás, empezó a recitar un soneto; con tal claridad que yo lo memorizaba en el sueño.

– ¿Cuál soneto?

– Así decía:

El futbol y la lectura
me parece bueno y sano
conjugarlos con tersura,
caminando de la mano
Que así lo hagas no me apura,
lo percibo muy humano,
pues conozco la cultura
del rincón regiomontano.
Haces bien, eso sí "engancha",
se enriquece tu quehacer,
alimentas a tu ser,
tu saber así se ensancha;
nada más con que en la cancha
no te pongas a leer.

– No, güey, pos sí se ve que estaba bien dormido.
– El que estaba dormido era yo.
– ¿Dormido o dopado?
– Dormido y soñando, y en el sueño componiendo quizá lo que me hubiera gustado que él me dijera.
– ¿Componiendo o destrozando?
– Sí, ya lo sé, tienes razón, sabía muy bien cómo lo verías.
– ¿Hay otra forma de verlo?

—Tal vez no, de acuerdo. Por eso mejor tú dime qué has hecho, a qué te dedicas ahora.

—Sigo buscándole. Ya ves que aquí cualquier pendejo que haya jugado futbol después encuentra chamba en los medios.

—Pues yo encontré, y me gusta mucho lo que hago.

—Ah, no sabía, pero qué bueno. En cambio yo sigo batallando mucho, porque ya sabes que quiero dirigir.

—Sí, me lo imaginaba, pero no creo que alguien se anime a contratarte, aunque también es cierto que no se necesita mucha capacidad ni mucho nivel para ser director técnico en el futbol mexicano.

—No creas, cada vez hay menos improvisación, muy distinto a cuando tú y yo empezábamos a jugar.

—La improvisación es inherente a nuestra cultura.

—Sigues con tus pinches palabritas.

—Bueno, quiero decir que los mexicanos somos improvisadores por naturaleza.

—Puede que sí.

—Nada más observa a quienes nos desgobiernan, cómo cualquiera llega a diputado, alcalde o gobernador; cómo un Secretario de Agricultura y Ganadería, que de por sí "nunca ha visto una vaca en persona" (como diría el gran Germán Dehesa), de la noche a la mañana pasa a ser Secretario de Educación sin haber recibido la necesaria, para después convertirse en Secretario de Gobernación y de ahí tirarle a la Presidencia.

## El ilustre pigmeo

– Y por eso a Presidente de México puedes llegar sin haber leído nada; pero eso sí, robando lo que se ofrezca.

– Robando, transando e improvisando; y lamentablemente, eso que sucede en el ámbito político, mutatis mutandis, también sucede en el futbolístico.

– No mames.

– ¿Por qué?

– Con eso de mutatis misglandis.

– Bueno, toda proporción guardada y cambiando lo que sea necesario cambiar, tanto la corrupción como esa alarmante improvisación que vemos hasta en las altas esferas de gobierno, o en muchas empresas privadas, las vemos también en el futbol.

– Pero no en la cancha.

– No, en la cancha no porque ahí entra en juego la selección natural, la supervivencia de los más aptos.

– Cálmate, pinche Darwin.

– En serio, ahí radica otro encanto de este juego. Así como la pelota no se mancha, la cancha no miente.

– Eso de que la pelota no se mancha me suena a futurista frase de Maradona. Pero lo de la cancha también es cierto, ahí quedan en evidencia tus virtudes y defectos como futbolista, tu verdadera calidad como jugador.

– Podrás contar con todas las palancas que quieras para que un entrenador te permita probar suerte; pero ahí, en la cancha, si no tienes la capacidad necesaria o las aptitudes indispensables, el adversario se encargará de exhibir tus carencias.

– Sí, eso me gusta del futbol; además de lo democrático que es.

– Por supuesto, porque no distingue ni razas, ni edades, ni religiones, ni posición económica ni niveles educativos. Basta con que sepas jugar.

– Pero no todos los que saben jugar llegan a Primera División.

– No, porque además de la capacidad, de la propia calidad, se necesita paciencia, perseverancia, tener mucha vocación; y algo de suerte.

– Claro, por eso dicen que de los que intentan jugar, de quienes se prueban para tratar de ser futbolistas, sólo debuta en Primera División uno de cada cien; o de cada mil, no me acuerdo.

– Sí, pero yo decía que el futbol es muy democrático sin importar el nivel al que lo juegues, no sólo entre profesionales. En cualquier cancha de cualquier barrio, sólo distingue la capacidad de cada quien para jugarlo; no hay ninguna otra distinción, para nada discrimina de antemano.

– De acuerdo, a ningún nivel discrimina, y a mayores alturas lo que funciona es esa selección natural a la que te refieres nada más por adornarte.

– Ningún adorno, es la realidad, parte de la esencia, de la fortaleza de este juego.

– Sí, está cabrón cómo extraño jugarlo como lo jugábamos.

– Pues sí, yo también. Pero ni modo.

– Sí, ni modo.

– ¿Y sigues jugando o cascareando de vez en cuando?

– A veces, pero siento como impotencia porque no llego a los balones que antes llegaba, ni puedo pegarle igual a la pelota, aunque lo esencial no se pierda o tarde mucho tiempo en perderse.

– Sí, y si en frente tienes a cuates que no saben jugar lo que tú juegas pero corren mucho y son más rápidos porque están más jóvenes, entonces la impotencia y el coraje se multiplican.

– Además termina doliéndote todo, porque ni siquiera cascareando puedes dosificar el esfuerzo, y cada balón lo acometes al máximo; o al nuevo máximo, que no es mucho.

– Así es, lamentablemente. Pero bueno, ya tengo que irme. Te dejo, para que sigas buscándole. Me dio gusto haberte encontrado; no puede ser que haya pasado tanto tiempo.

– Sí, también me dio gusto verte. Estamos en contacto, después me sigues platicando tus sueños, y a ver si para cuando volvamos a vernos ya le avanzaste algo con lo de tu tatarabuelo Macedonio.

– Bisabuelo, Celedonio.

# XIV

En la época de Don Cele hubiera sonado descabellado todo esto del futbol, porque de hecho en la actual así sigue sonando.

Increíble, sorprendente pero también inquietante lo provocado en todo el mundo por este fenómeno social sin equivalente alguno entre las demás manifestaciones del deporte-espectáculo.

Es tan profundo el impacto ocasionado por este simple juego en las sociedades de los distintos lares, que urge un estudio a fondo realizado por especialistas en la materia, por reconocidos sociólogos capaces de explicar los porqués y los cómo de este inusitado fenómeno social y mundial.

Les guste o no el futbol para jugarlo o para verlo, y entiendo perfectamente si a mi bisabuelo no le gustaba, hace falta que los expertos en el comportamiento de las masas le entren de lleno al asunto para tratar de desentrañar los misterios de este incomparable juego.

Carlos Monsiváis sirve como magnífico ejemplo en ese sentido. Como crítico agudo, como inteligente y profundo observador de su entorno, confesaba su pasmo ante todo lo provocado por el futbol, espectáculo para él anodino, intrascendente, y sin embargo tan importante para mucha gente. No entendía cómo ese jueguito podía cautivar, embobar a personas consideradas pensantes incluso por él mismo, y por lo tanto abordaba ese tema, se acercaba como podía a ese incomprensible fenómeno social, trataba de entenderlo como espectáculo ávidamente consumido por el pueblo. Para nada le atraía como juego, pero trataba de descifrar sus misterios, intentaba comprenderlos.

Urge ese acercamiento al futbol de parte de mentes lúcidas como ésa; para determinar las causas, los orígenes, el meollo de tan peculiar fenómeno, por qué ha logrado alcanzar ese grado de penetración, sus mecanismos para mover a tal grado a las distintas aficiones en los diferentes pueblos.

Para explicar cuáles son esos ingredientes en el futbol capaces de proporcionarle tanta felicidad a mucha gente, de emocionarla hasta las lágrimas, de alegrarla hasta el delirio, pero también de hundirla en la tristeza, de exaltarla hasta la ignominia, de convertir en auténticos energúmenos a personas que antes de iniciar el partido se veían muy decentes y normales.

Para profundizar en el tema, para tratar de entender por qué lo generado por el futbol no se acerca a producirlo ningún otro deporte, y sólo encuentra someras equivalencias cuando se trata de asuntos religiosos o de grandes fenómenos musicales.

Para dilucidar cuál es la vía o son los vericuetos por los cuales el futbol se introduce con tal intensidad en las mentes y en los corazones de los diversos y diferentes seres humanos.

Porque no es cuestión de razas o religiones, ni de niveles educativos, ni de estratos económicos o sociales. Ni de latitudes o longitudes, porque lo mismo sucede en los europeos lares, en los africanos, en los asiáticos, en América en general y en la zona concakafkiana en particular.

A lo largo, ancho y redondo de la Tierra el fenómeno futbolero prolifera, profundiza, se arraiga, extiende redes y raíces, entusiasma y apasiona más que cualquier otro deporte-espectáculo; y suele confundir como ninguno.

Sólo cuando se trata de defender o de creerse defensores de sus respectivos dioses puede verse entre la gente el grado de fanatismo propiciado y generado por el futbol.

En este México moderno pero en su esencia no muy distinto al conocido por Celedonio, alcanza alturas insospechadas la pasión por este juego. Y es cierto, también suele funcionar como válvula de escape, como inmejorable entretenimiento, con la posibilidad, abrazada por tantos aficionados, de aspirar al triunfo de su equipo en la cancha para sentirlo suyo y así olvidarse un rato de las derrotas cotidianas, de las sufridas en ámbitos más importantes cada día de cada semana.

Los problemas surgen y las alarmas se encienden cuando la desbordada pasión sin la necesaria educación conduce al enceguecedor fanatismo, cuando se ve al seguidor del otro equipo ya no como adversario sino como enemigo, cuando se confunde Selección con Patria y se le añade el nocivo nacionalismo mal entendido, cuando se olvida la esencia del futbol como simple juego que debe ser bien jugado, cuando se deposita en 11 ó 13 futbolistas la posibilidad de ser o no completamente feliz.

Algo tiene el futbol para provocar tantas reacciones irracionales entre las diferentes culturas, para despertar y movilizar en México a tanta gente por desgracia inmóvil y apática cuando se trata de asuntos más importantes, de indignarse ante las injusticias y la impunidad de los innumerables crímenes y criminales, de exigir gobernantes honestos, de preocuparse por la inequitativa distribución de la riqueza, de conmoverse con la demoledora pobreza y actuar en consecuencia.

Quién sabe cómo y con base en cuáles cimientos el futbol es capaz de despertar a tanta gente dormida. Tal vez gran parte del encanto de este juego radica en la facilidad para entenderlo, para encontrarse en cualquier momento con una pelota lista para ser pateada, para jugarlo desde la infancia, desde la niñez, apenas habiendo empezado a caminar.

– "Es el juego que todos jugamos", me dijo a media conversación mi amigo, mientras veíamos por televisión el partido entre Brasil y Holanda de la Copa Mundial de 1994.

– No sé si todos, pero sí la mayoría, por lo menos alguna vez, lo ha jugado a cualquier nivel. En los tiempos actuales, me refiero.

– Sí, claro, tu tatarabuelo no creo que lo haya jugado.

– No, seguramente ninguno de mis ocho tatarabuelos lo jugó; ya no digamos mis tatarabuelas.

– No, pero yo decía el poeta.

– Ah, no, tampoco mi bisabuelo Celedonio lo jugó; no creo que haya siquiera pateado una vez un balón o una pelota. Y lo mismo podría apostar con respecto a mi otro ilustre bisabuelo, Pablo Livas.

– ¿Pablo Livas?

– Sí, abuelo de mi mamá y amigo de Celedonio. Muy respetado y reconocido como escritor y maestro, a tal grado que un colegio y una avenida llevan su nombre; y todo eso, habiendo vivido solamente 42 años.

– Mira, de él no me habías dicho nada.

– Porque no me habías preguntado; y en realidad tampoco sé gran cosa sobre él.

– ¿Pero entonces ya traes dos proyectos de libros pendientes?

– No, para nada. Me conformaría con que el cacumen y el caletre me alcanzaran para uno.

– El cacumen y el caletre, no mames.

# XV

Volví a ver a mi amigo en 1998, cuando ya se había convertido en director técnico, y el tema futbolero brotó de inmediato después de los saludos y con algunos tequilas de por medio:

– Pinche Zidane, ¿viste lo que hizo?

– Me cae en gracia cómo tu recurrente "pinche" sirve tanto para alabar como para denostar.

– Sé perfectamente lo que quiere decir "denostar".

– Claro, ya sé que sabes.

– Por eso, pero no me digas que Zidane no es un chingón.

– El mejor del mundo. Increíbles su solvencia técnica, su elegancia, su visión de cancha, su dominio de los tiempos, de las pausas, de los cambios de ritmo y del propio cuerpo, su inteligencia para elegir casi siempre la jugada más conveniente y ejecutarla con precisión y soltura.

– Hasta me recuerda un poco a como jugaba yo.

– Sí, haz de cuenta tú, pero en francés.

– Pinche malinchista.

—No, para nada, ya sabes cómo deploro ese tradicional malinchismo en nuestro futbol, tanto como al otro extremo, a quienes piensan que nada más lo mexicano sirve.

—Sí, el futbol no tiene nacionalidades.

—En realidad sí las tiene, sobre todo cuando se juega una Copa del Mundo.

—Sí, claro, cuando tanta gente se envuelve en su propia bandera.

—Con la proliferación, que tanto han propiciado los medios de comunicación, de esa nociva pero económicamente muy ventajosa confusión entre Patria y Selección.

—¿Por qué económicamente ventajosa?

—Porque al convencer a millones de aficionados de que casi casi está en juego el futuro del País en cada partido, éstos se vuelven más incondicionales y generosos consumidores de ese inagotable producto llamado Selección Mexicana, de esa futbolera gallina de los balones de oro.

—Se me hace que exageras, además de que está muy mamona tu metáfora. Mejor dime cómo vas con lo de tu abuelito Celestonio.

—Mi bisabuelo Celedonio, al que le decían Don Cele para que no se oyera tan feo. O Veguita, de cariño y por la estatura.

—¿Veguita?

—Sí, él era Junco de la Vega, apellido que al registrarlo le había juntado su papá, que a su vez fue hijo de un Celedonio

Junco y una Bárbara De la Vega, ambos españoles, de la región de Asturias.

– Muy enredado todo; ¿pero cómo vas con eso?

– Muy lento, aunque recabando toda la información disponible, buscándole cuando surge alguna oportunidad de averiguar algo; y en esa búsqueda me topé ayer con otro de sus epigramas.

– ¿Con cuál?

– De la época final de su vida, cuando suavemente se quejaba del hogareño enclaustramiento al que fue sometido por su familia, preocupada por su deteriorada salud.

– A ver, cómo dice.

– Dice así:

> Hoy que mis horas completas
> están del ocio al servicio,
> no me queda más oficio
> que hacer versos... y rabietas.

– Está chistoso. ¿Y por qué no te pones de una vez a escribir sobre todo eso?

– Porque entre más leo otras cosas menos me animo a escribir algo.

– ¿Por qué?

—Porque por un lado me topo con mucha literatura barata, con auténtica basura de muy baja calidad, ya no digamos casi todo lo escrito sobre el futbol o por innumerables ex futbolistas; y no quiero incrementar toda esa basura con la mía.

—¿Y por el otro?

—Por el otro, cuando leo algo que me llega, me emociona o me deleita, me conmueve, me siento obligado a seguir mejorando, a seguir aprendiendo para aspirar a escribir cosas similares, que por lo menos se acerquen un poco a eso.

—Pos no entendí tus dos lados. ¿Pero ya le entraste desde hace rato a la poesía, no?, como si fueras la reencarnación de tu pariente.

—No, para nada, eso a lo que aparentemente te refieres son simples rimas y versificaciones con las que me entretengo y me divierto, pero está muy lejos de calificar como poesía y no aspiro a escribirla nunca. Me conformaría con una prosa legible, aceptable, decorosa.

—¿Como la de Javier Marías o la de Villoro?

—No, para llegar a eso necesitaría dos o tres reencarnaciones más.

—Está chingón lo de los "Once de la Tribu" y eso de que "Dios es Redondo", ¿no?

—Sí, y lo mejor es que ese caso de Juan Villoro, y los de Javier Marías, Vila-Matas, Sacheri, Benedetti, Aguilar Camín y muchos otros, sirven para demostrar cómo el intelecto no tiene por qué estar reñido con el gusto por el futbol, cómo se puede ser muy inteligente y además apreciar la belleza de ese juego, su plasticidad, la destreza de los futbolistas, la emoción de los goles.

– Pero además, como alguien dijo, no sé si Valdano, desde el futbol se puede filosofar pero no se puede hacer futbol desde la filosofía.

– ¿Así dijo?

– Algo parecido, pero sí resulta increíble cómo han cambiado los tiempos en eso de la relación entre el futbol y los intelectuales.

– Mucho han cambiado, afortunadamente para mejorar.

– De acuerdo, por fortuna.

– Sí, porque ya era hora de contar con más gente pensante dispuesta a reconocer que no es simple casualidad lo provocado por el futbol, que algo tiene este maravilloso juego para generar todo esto.

– Un misterioso, indescifrable encanto nunca visto en ningún otro deporte.

– Así es.

– Pero además va en aumento todo eso generado por el futbol, cada vez con más seguidores en todo el mundo, y con mayor grado de enloquecimiento entre ellos.

– Cada vez mayor el embelesamiento producido por este juego.

– Bueno, ándale, embelesamiento, para que suene más bonito. Pero el caso es que parece irreversible y progresivo el asunto. Antes de acabarse el futbol o el gusto por el mismo, se acaba el planeta.

– Parece que sí, porque además ya nos lo estamos acabando.

– Como si tuviéramos prisa.

– Muy pobre el planeta que les estamos heredando a las siguientes generaciones.

– Sí, muy pobre. Y por cierto, hablando de heredar, ¿será hereditaria la facilidad para jugar al futbol, o para escribir o para versificar?

– Me imagino que ya en los genes puede venir cierta proclividad a realizar con mayor facilidad determinadas actividades, pero queda en la capacidad y las circunstancias de cada uno la posibilidad de incrementar o no el potencial para realizarlas.

– Proclividad, increíble tu pinche costumbre de complicarte al hablar.

– Bueno, quiero decir que quizá sí se herede en gran parte cierta predisposición, cierta inclinación para encontrarle más gusto a desempeñar determinados roles y para desempeñarlos mejor.

– Digo lo de heredar porque pensé en varios ejemplos de futbolistas profesionales cuyos hijos también llegan a serlo.

– Sí, pero por cada uno de esos casos hay cientos de los que ni siquiera nos enteramos, de hijos, o sobrinos, o primos, o hermanos o nietos de futbolistas, que también pretendieron serlo y fracasaron en el intento.

– Es cierto.

– Porque puede haber una buena dosis hereditaria, pero después se necesita desarrollar al máximo el respectivo potencial, las propias aptitudes; y aun desarrollándolas nadie te garantiza que llegarás a jugar en Primera División.

– A menos que seas Pelé, porque en ese caso de que juegas juegas; así como si eres Shakespeare, de que escribes, escribes. O si eres Díaz Mirón, de que versificas, versificas.

– No sé si en el caso de los escritores y los poetas todo resulte aún más incierto, porque podrás escribir o versificar muy bien y sin embargo no ser muy leído, no poder vivir de lo que escribes. Así como el aspirante a futbolista puede jugar cuanto quiera, pero casi siempre sin lograr hacerlo profesionalmente, viviendo de eso.

– O sea, ninguna de esas actividades te garantiza el ingreso económico necesario como para aspirar a vivir de ellas.

– Así es. Aunque si sientes a esos elevados grados el gusto por el juego, o por la escritura o por la versificación, por lo menos es necesario intentar desarrollar lo mejor posible cualquiera de esas tareas.

– De acuerdo, desarrollarla al máximo para no quedarte con la duda en cuanto al nivel de tus alcances, para demostrarte a ti mismo qué tan chingón eres. Pero bueno, volviendo a lo de Zidane, imagínate cómo lo adoran los franceses después de lo que hizo.

– Sí, ya me imagino cómo lo adoran; pero esos niveles de adoración me parecen excesivos con respecto a los futbolistas; incluso enfermizos.

– Como lo de todos esos locos fanatizados argentinos con su iglesia maradoniana.

– Increíble. A mí eso puede pasarme pero solamente con mis hijos, de quienes siento que son como Dioses y por si las dudas los adoro hasta el desastre.

– Cálmate, Mastretta.

# XVI

Fueron siempre lengua y pluma,
en toda humana contienda,
armas de fuerza tremenda
con que se hiere y abruma.

Así veía Celedonio la parte negativa de ese poder de la palabra, escrita o hablada; lengua y pluma como poderosas armas, como herramientas capaces de lastimar.

Desde niño físicamente demasiado pequeño, frágil, endeble y por lo tanto imposibilitado para el combate, conforme fue creciendo sus luchas y retos fueron haciéndose mentales. Su propio arsenal constaba de la inteligente observación, el penetrante ingenio, el fino sentido del humor y sus extraordinarias dotes versificadoras.

Incapaz de pretender siquiera herir con sus palabras a alguien, asumía la responsabilidad implícita en el don del cual se sabía poseedor, el de la pulcritud en el manejo del lenguaje y su natural facilidad para la rima.

Versificaba para divertirse y divertir, o para hacer reflexionar, o para señalar todo aquello que le sorprendía, le alegraba, le conmovía o le molestaba, pero nunca con la pretensión de lastimar a nadie.

Si no concebía a los versos, a las rimas, a las palabras y al lenguaje como instrumentos para dañar, menos hubiera entendido cómo a partir de un simple juego se puede generar y desatar la violencia en los estadios de distintas partes del mundo, cada año con mayor frecuencia y más elevadas dosis de beligerancia.

Me imagino cuán pasmado lo dejaría el comportamiento de los aficionados al futbol si pudiera verlos.

De seguro le sorprendería cómo este espectáculo deportivo puede gustarles incluso a grandes intelectuales, a escritores de altos vuelos que a mi bisabuelo le hubiera encantado leer.

Pero le sorprendería en mayor medida el otro extremo de la inmensa gama de seguidores de los miles de equipos en el futbol. Su capacidad de comprensión no alcanzaría, como no alcanza la de nadie, para entender por qué llegan a comportarse como se comportan tantos enloquecidos aficionados, tantos indescriptibles fanatizados.

Le resultaría inconcebible que un simple juego provocara esas excesivas y violentas reacciones entre puñados de rudimentarios barbajanes capaces de agredir a quien se les ponga enfrente sólo porque simpatice con el otro equipo.

Lamentaría la proliferación de esos modernos neandertales dispuestos a golpear alevosamente a quienes se atreven a ponerse la camiseta del rival, a echarle porras al otro, a festejar los goles del contrario.

No comprendería cómo ese asunto ni siquiera es cuestión de geografía, cómo deleznables especímenes de tal ralea los hay entre los seguidores de todos los equipos mexicanos y de la mayoría de los equipos en el mundo.

Quizá algunos de esos embrutecidos aficionados le hubieran recordado a varios de los pendencieros personajes de la etapa revolucionaria, con los cuales por fortuna él no llegó a toparse directamente. Y se acordaría, por simple asociación de ideas, de aquella ocasión, aquel lapso de 11 días, entre el 13 y el 24 de marzo de 1915, cuando Pancho Villa y sus Dorados de la División del Norte pasaron por Monterrey "en plan pacífico", sólo para recabar entre los ricos empresarios algo de dinero para su causa, dinero generosamente entregado, por supuesto, aunque no tanto como el solicitado.

De hecho, probablemente hasta simpática le resultó en aquella ocasión la imagen de "El Centauro del Norte" entrando con todo y su caballo y sus huestes en el Hotel Ancira; y nada simpáticas le hubieran resultado las imágenes de tantos modernos revoltosos dizque aficionados al futbol.

Al pensar en todo lo relacionado con este maravilloso juego, Celedonio podría haber llegado a entender, si alguien se hubiera tomado el tiempo necesario para explicárselos, los porqués de lo provocado por el futbol entre millones de buenos aficionados, entre ésos que por fortuna siguen conformando una inmensa mayoría. Pero no entendería qué pasa por las mentes de esas otras violentas y peligrosas minorías enquistadas entre los seguidores de los diversos equipos.

Y tampoco entendería cómo a los diferentes niveles, entre los dirigentes de clubes o de federaciones, las autoridades municipales y estatales, se eluden las respectivas responsabilidades, se soslaya la urgencia de resolver el asunto acometiéndolo a fondo desde los distintos frentes.

Probablemente, si el tema le interesara y hubiera contado con la información necesaria, habría exigido en cada estadio el cabal cumplimiento de los debidos requisitos para garantizar la seguridad de quienes asisten. Y castigar penalmente a quienes en las tribunas se comporten como delincuentes, además de prohibirles el ingreso a los estadios. Y controlar, regular a las nocivas "barras"; o, cuando fuera necesario, erradicarlas.

Hubiera pedido utilizar en cada espectáculo futbolístico cuerpos de seguridad mejor preparados, y dosificar la venta de bebidas alcohólicas entre los aficionados, o de plano prescindir de ellas para así evitar la proliferación de empedernidos bebedores que conforme van alcoholizándose no sólo van volviéndose "expertos" en el juego, sino también sanguinarios en su comportamiento.

Si hubiera podido ver todo esto, de seguro habría enfatizado la urgencia de elevar el nivel educativo de la gente para aspirar en un futuro, en los distintos estadios, a una mayor cantidad de buenos aficionados y menor de trogloditas fanatizados, desquiciados por el simple juego o por el enfermizo "amor" hacia determinada camiseta.

Tal vez hubiera coincidido conmigo en todo lo relacionado con este tema, y su primordial sugerencia hubiera sido, como medida de impacto positivo a largo plazo, convencer a los aficionados de leer más, de darle a la lectura la oportunidad de demostrarles cómo puede mejorarlos como personas, ya no digamos como seguidores de cualquier equipo.

Ya enfilado en esa argumentación, de seguro propondría incrementar el nivel de lectura también entre los jugadores, los directores técnicos, los dirigentes; y sobre todo entre los comunicadores y periodistas, futboleros y no.

Le asustaría comprobar la baja preparación de tantos de esos comunicadores, dentro y fuera del futbol, tan ineficientes para comunicarse, tan ajenos a los elementales principios de un periodismo bien ejercido.

Centraría su demanda en ese punto, en la necesidad de leer más para aspirar a contar con un pueblo mejor preparado, más consciente de la realidad, más participativo en los asuntos de mayor importancia que los futboleros; y de paso, más capacitado para ser feliz.

Pero entonces mi bisabuelo se hubiera encontrado de inmediato con otra insalvable dificultad, porque habría necesitado, primero, lograr que leyeran más quienes nos gobiernan sin haber leído.

– "La mayoría deambula entre la desidia para leer sobre lo que entiende y la incapacidad para entender lo que lee", le dije una vez a mi amigo, cuando volvimos a tocar ese tema de la alarmante falta de lectura.

– Escríbemelo para leerlo con calma, pero suena bien.

– O sea, ni se animan a leer con mayor frecuencia sobre lo que entienden, ni su capacidad les alcanza para entender lo que leen.

– Qué pinche Cantinflas ni qué nada.

# XVII

Siempre estuvo muy orgulloso de su condición de poeta y de lo que hacía; o a partir de ese "siempre" desde el cual se puede adquirir la suficiente conciencia sobre los propios objetivos en la vida, sobre la forma de vivirla mejor, las tareas a realizar y los pasos por dar en el afán de disfrutarla al máximo, de sacarle todo el jugo posible.

Sabiéndose tal, así definía Celedonio a UN POETA:

Cincelador del verso castellano,
su dicción es al par brillante y pura
y convierte en helénica escultura
cada estrofa salida de su mano.
Agiganta con vuelo soberano
lo que el arte le inspira, o la hermosura,
y con la intensa cláusula fulgura
hermoso y limpio el pensamiento humano.
Cual paciente escultor que mármol labra,
artífice sutil de la palabra,
él sobre el verbo sin piedad golpea;

y así su musa nítida y brillante
finge una nueva Venus palpitante
surgiendo de otro mar: el de la idea.

Ese maravilloso soneto de alta calidad estética deja plena constancia de cuánto le enorgullecía ser poeta, al margen del grado de reconocimiento recibido por serlo.

Aunque fue muy festejado como epigramista, lo mejor de su obra se encuentra en sus sonetos, y no hubo tema al cual no se haya acercado con ellos: al amor, a la vida, a sus hijos, a su esposa, al poeta, al pensamiento, a la lengua, al sueño, a la rosa, al ideal, a Juárez, a Hidalgo, a los ojos azules; o su tríptico de sonetos, "GOTAS", a la de agua, a la de tinta y a la de sangre.

Empezó a versificar antes de cumplir 18 años, viviendo aún en Matamoros, aunque a esas alturas de su vida lo apremiara la preocupación de conseguir con su trabajo el sustento necesario para la familia. Y a través de los años sus dotes de poeta y escritor fueron traduciéndose también en esos pesos extra que tanto necesitaba; y después en su principal ingreso, cuando ya era reconocido nacionalmente como editorialista y como poeta.

Resulta casi imposible saber cómo le surgieron esa inquietud y ese profundo gusto por las letras, aunque podamos dar por hecho que antes de ser un sobresaliente poeta fue un inteligente y ávido lector.

En 1905 alguien dijo de Celedonio: "Es capaz de poner el diccionario en verso".

Era capaz de sobra durante aquella época, cuando versificar y escribir poesía eran asuntos mejor valorados que en estos días.

Quizá todavía en los tiempos de Salvador Díaz Mirón, Amado Nervo, Rubén Darío, Gabriela Mistral, Federico García Lorca o Pablo Neruda, los grandes poetas de nuestro lenguaje castellano eran especialmente respetados entre los hombres de letras en particular y los lectores en general; pero en los tiempos actuales la poesía parece haber pasado a segundo o tercer plano en el gusto de quienes leen.

Si el interés por el género de la novela quizá se ha fortalecido, la costumbre de leer poesía ha quedado reducida al selecto grupo de los diletantes de siempre.

– "Ahora me vas a salir con la jalada ésa de que todo tiempo pasado fue mejor", me dijo mi amigo cuando coincidimos en Seúl en 2002, en un programa de televisión previo a uno de los partidos de cuartos de final de aquel evento mundialista.

– No, para nada, pero sí creo que en ese rubro de la poesía en particular, aunque no en el de la literatura en general, se menosprecia hoy lo que antes se apreciaba.

– ¿No que ahora sean peores los poetas, sino que tienen menos lectores?

– Eso creo.

– Pero entonces muy distinto a lo de todos los ex futbolistas con quienes platico, porque siempre me dicen que les gustaba más el futbol de antes.

– Obviamente les gustaba más el futbol de antes, porque los incluía.

– ¿Y tú crees que el futbol era mejor cuando nosotros jugábamos?

– Para nada; podré extrañar muchísimo cuando yo jugaba, pero veo y entiendo, como de seguro tú también, que cada día el futbol evoluciona y se juega mejor.

– Aunque sigan reduciéndose los espacios para maniobrar y el tiempo para pensar.

– Y seguirán reduciéndose, y eso a veces va restándole lucimiento al espectáculo aunque se juegue mejor año tras año.

– Claro, porque se ataca mejor pero también se defiende mucho mejor; y como en el futbol es más sencillo dominar la parte defensiva del juego, cada vez con mayor frecuencia se producen duelos donde el poderoso es maniatado y como consecuencia de eso las fuerzas se contrarrestan y equilibran.

– Con esfuerzos adecuadamente canalizados, no sólo para defender. En toda la cancha se corre más y se corre mejor.

– ¿Por qué mejor?

– Porque por ejemplo antes corrían mucho quienes tenían el balón, y casi nada quienes no lo tuvieran; ahora, los mejores equipos lo son en gran parte porque los grandes desgastes y despliegues físicos se producen primordialmente en el afán de recuperar la pelota, o para abrirle las posibilidades al compañero que la tiene.

– Sin el balón es necesario correr; y al tenerlo pensar.

– Sí, piensa y juega sin dejar de moverse quien lo tiene, pero se mueven en mayor medida los compañeros para abrirle espacios y opciones; y los adversarios para cerrar aquellos, reducir éstas y para recuperar el balón perdido.

– No sé cuáles sean aquellos y éstas, pero sí me imagino toda esa vorágine en la cancha, muy atractiva para el espectáculo cuando está bien organizada.

– Por eso se veía tan adelantada a su época aquella "Naranja Mecánica" del 74, con su revolucionario futbol, con ese "desorden organizado", esa "organización desordenada" en su envolvente manera de jugar.

– Envolvente y revolucionaria en aquella época, porque ahora no lo sería.

– No, claro, porque ahora se juega a otro ritmo, con otra velocidad y a otra intensidad.

– Con esa exigencia cada vez mayor en el renglón físico.

– Así es, inevitablemente, porque el ser humano avanza en rapidez, en fuerza, en agilidad, en resistencia. Basta con ver cómo cada cuatro años, cada ciclo olímpico, siguen pulverizándose los récords.

– Y cómo me recuerdan esos nostálgicos ex jugadores a muchas personas de cierta edad, para quienes todo tiempo pasado fue mejor. Así parece pensar la mayoría de la gente mayor, siempre extrañando otras épocas.

– No es que extrañen los tiempos de antes; extrañan lo que ellos eran entonces.

– Pinche filosofía.

– No, no creo que llegue a tanto.

# XVIII

Las playeras en el futbol moderno se han vuelto transitorias en doble sentido: cambian de apariencia o cambia de identidad quien las viste.

Por lo menos una vez al año se modifican los diseños, y son minoría los futbolistas dedicados a defender los mismos colores durante más de seis o siete años.

Quienes permanecen un buen rato en determinado equipo sólo van cambiando su modelito de camiseta en aras de la mercadotecnia, de la semestral o anualmente renovada venta de playeras, de ese enorme negocio alrededor de este juego.

Pero quienes van de un equipo a otro no sólo cambian el diseño de la playera; cambian de compañeros, de director técnico, de sistema o incluso de estilo de juego, de seguidores, de ambiente, de entorno, de ciudad... o de país.

Muy pocos libran tales cambios sin ver afectado el propio rendimiento aunque sea temporalmente, y ninguno puede sustraerse a esa otra pérdida intangible: la de la identidad entre el futbolista y su equipo.

Hace 50 años, casos como el de Pelé con el Santos eran parte de la norma. Hoy, el de Messi con el Barcelona forma parte de las excepciones.

Además de la inevitable merma en el propio desempeño, derivada de tanto cambio de aires, el jugador es menos identificado con su equipo, no fortalece lo suficiente sus nexos, como antaño sucedía, con el club al que defiende y representa en la cancha.

Por eso tantos equipos juegan como pueden, pero no siempre como deberían jugar.

Suele haber un insuficiente aprovechamiento del material futbolístico disponible en cada uno de los clubes. Sobran casos, en el futbol de todas las latitudes y a los diferentes niveles, de equipos cuyas capacidades individuales no se reflejan a cabalidad en el juego desplegado por el conjunto, porque éste no suele contar con el tiempo necesario para madurar como tal, para incrementar esas riquezas individuales logrando el pleno desarrollo del funcionamiento colectivo; o porque el director técnico en turno es incapaz de sacarle a ese material el máximo provecho.

Ese problema resulta cada vez más visible a nivel de selecciones, donde los grandes futbolistas suelen bajar el propio rendimiento porque no cuentan con el debido complemento entre sus compañeros, con el ideal e instintivo entendimiento, con la adecuada retroalimentación futbolística en la cancha, como sí los disfrutan en sus respectivos clubes, donde juegan a lo mismo y con los mismos durante más tiempo, con más entrenamientos, convivencias y partidos a sus espaldas.

Si sólo de planteles se tratara, nadie podría competirles a los evidentemente más poderosos; y sin embargo les compiten, porque la eficiencia colectiva de un conjunto no es la simple suma de la calidad de cada uno de sus futbolistas, sino producto de un buen trabajo en la cancha, con el cual paulatinamente se van estableciendo las necesarias conexiones, las tantas veces mencionadas sociedades, más o menos productivas, las diversas "sinapsis futboleras" forjadoras de los grandes equipos en la historia del balompié.

Así como las células nerviosas o las neuronas se conectan y entrelazan para el buen funcionamiento de nuestro organismo y de nuestro cerebro, los jugadores pueden y deben conectarse y entrelazarse para elevar el de su equipo.

Suele ser natural e instintivo el entendimiento entre determinados jugadores, pero ese instinto futbolístico se alimenta y se acrecienta a fuerza de jugar juntos, de vivir una y otra vez distintas circunstancias en diferentes partidos.

Como en la vida la cotidiana convivencia puede ir consolidando y fortaleciendo lazos de amistad, o de agradecimiento, o de amor, o de mutuo respeto, así en la cancha se van creando otros lazos también invisibles pero futbolísticamente productivos.

Ni Pelé habría sido lo que fue si no hubiera jugado durante tanto tiempo en el Santos, ni Messi sería lo que es si no hubiera crecido y jugado en el Barcelona.

Así como ellos, cualquier futbolista amplía de acuerdo a las respectivas capacidades sus propias probabilidades de florecer a plenitud entre más tiempo permanece en un equipo y en un entorno, y de igual manera cualquier equipo incrementa su potencial de crecimiento entre más jugadores plenamente florecidos tiene y mayor tiempo llevan jugando juntos.

A más tiempo de los mismos futbolistas en un equipo, mayor la eficiencia colectiva que éste puede alcanzar; y entre más eficiente sea un conjunto, más propicio es el cabal desarrollo de cada una de sus partes. Lo individual y lo colectivo inexorablemente entrelazados.

Desde siempre, los equipos conscientes de ello, capaces de aplicar en sus procesos y en la cancha esos esenciales principios, son los que mejor futbol han llegado a desplegar.

Muy distinto, por supuesto, es el ejercicio de la escritura, de la poesía, de la versificación, de la creación de una novela.

Esos son asuntos personales, individuales, el del escritor ante la página en blanco, el del poeta ante la idea, con su manejo del lenguaje y su capacidad para rimar y versificar como primordiales herramientas.

La inusitada facilidad versificadora de Celedonio afloraba ante cualquier circunstancia cotidiana, en cualquier plática entre amigos o en familia.

Podían estar hablando simplemente del dolor provocado por una muela del juicio, por ejemplo:

> Si el oficio de moler
> es de las muelas oficio,
> poco importa conocer
> si son o no las del juicio
> para hacérnoslo perder.

O si alguien se quejaba por ser un tanto olvidadizo:

> ¿Que la memoria es falible?;
> pues sé diligente y pon
> del pensamiento a la acción
> el menor trecho posible.

En una ocasión, después de recibir un homenaje en Lampazos, Nuevo León, al despedirse una muchacha le pidió un último verso. Celedonio le dijo: "Usted sólo deme el pie, señorita".

Ella pensó un momento y respondió: "Hoy que este poeta parte"; y de inmediato Cele redondeó el epigrama:

Hoy que este poeta parte,
se han unido, en rara suerte,
el placer de conocerte
y el dolor de abandonarte.

Se divertía escribiendo. Como dominaba lo que hacía, le encantaba hacerlo, y ese gusto en el quehacer le permitía acrecentar el dominio de lo realizado, hacerlo cada vez mejor hecho.

He ahí otro reto para los futbolistas, a quienes por tanto cambio de equipo y por el elevado nivel de exigencia al que son sometidos, a veces se les olvida eso mismo, empeñarse en generar siempre ese idóneo círculo virtuoso, ese principio esencial: para aspirar a jugar mejor, nunca dejar de gozar el juego, de divertirse jugando y de jugar divirtiéndose. Así como Celedonio nunca dejó de divertirse al leer, al escribir... y sobre todo al versificar.

# XIX

Doña Elisa y Don Cele estuvieron casados durante 54 años, 9 meses y 25 días; hasta que la muerte de él los separó.

Según Humberto, al referirse al noviazgo de sus padres: "Nuestras tradicionales y añosas calles de Ocampo, Abasolo y Diego de Montemayor son testigos de aquellas andanzas amorosas".

Al casarse Elisa se fue a casa de Celedonio, donde ya vivían la mamá, dos hermanas y un hermano de él; familia de la cual se hizo cargo desde apenas abandonada su niñez hasta la muerte de cada uno de ellos, empezando por la de su mamá, en 1916, cuando él se encaminaba a sus 53 años.

¿Qué había pasado por la mente de ese incipiente adolescente cuatro décadas antes, cuando al morir su padre se vio obligado a dejar sus estudios para ponerse a trabajar donde se pudiera y como fuera?

A esa casa ya muy habitada, a tres cuadras del mero centro de Monterrey, llegó Elisa recién casada para convertirla en otro tipo de hogar, para seguir llenándola, hasta dejarla repleta, conforme fueron llegando los componentes de esa "parvada" mencionada por mi bisabuelo cuando nació su hija Laura.

Pero no sólo familiares vivieron ahí. Según me dijeron mis hermanas Catalina y Mayoya, o no sé si algunos de mis hermanos, nuestra tía Marcela les había contado que durante un buen rato también vivió con Cele y Elisa una amiga de ella, Lola, a quien generosamente daban alojamiento o quizá le rentaban un cuarto para aligerar la carga económica. "Quítenme este estafermo de enfrente", llegó a decir con respecto a ella Celedonio, en un momento de mal humor.

Además, en alguna de sus visitas a hospitales, "Elisa se encontró con Salustia, una joven rumana huérfana muy diferente a los pobres de por acá. Le conmovió su orfandad y belleza. Sin siquiera comentarle a Don Cele apareció con ella para que estuviera como una más de la familia, y ahí estuvo por lo menos dos años".

Elisa era hija de Germán Voigt, alemán de Düsseldorf, y de Carmen González, regiomontana. Su abuelo materno, Antonio González, ebanista y carpintero, se encargó de hacer las puertas de la Catedral de Monterrey, por ahí de la mitad del siglo XIX; una de las historias orgullosamente contadas por Elisa y varios de sus hijos, fervientes católicos. En contraste con el aparente agnosticismo de Celedonio, indudable en el caso de mis padres y en el mío.

Pueden encontrarse versos de mi bisabuelo en los que se refiere a Dios, pero nunca con esa connotación religiosamente iluminada de quien al mencionarlo asegura su existencia, pretende descifrarlo, definirlo o hacer como que de veras lo conoce muy bien.

Están como ejemplo estas dos cuartetas escritas por Celedonio, seguramente pensando en Elisa:

NI TU NI YO

Que el amor nos arrancó

promesas halagadoras,

que te adoro y que me adoras,

bien lo sabemos tú y yo.

Mas que el amor de los dos

aumente, amengüe o acabe

con el tiempo ¿quién lo sabe?

Ni tú ni yo, sólo Dios.

Sin compartir el fervor religioso de ella, él nunca permitió que la diferencia de creencias y percepciones sobre ese tema afectara un ápice la relación entre ellos, o de ellos con sus hijos.

Mientras él se volvió más casero que de costumbre en sus últimos años, ella seguía yendo y viniendo con su vida diaria, sus labores sociales, sus obras de caridad y los múltiples quehaceres hogareños, entrando y saliendo de la casa, sobre todo para ir a la iglesia.

Diez años y medio menor que su esposo, mi bisabuela murió nueve después, en 1957, a tres días de cumplir los 83, cuando yo tenía 13 meses de vida.

Así la describían en la familia:

"Doña Elisa era alta, bonita, muy blanca de piel y de alma. Se embelesaba con las galas de la naturaleza y tenía afición por la buena lectura; escribía sabrosas cartas familiares. Fue entrañablemente católica y visitaba a los enfermos, a los pobres y a los presos, llevándoles ayuda, consuelo y una sonrisa".

"Era muy tranquila, de carácter apacible; dulce y firme".

Su hijo Humberto alabó, al referirse a su madre, "su imperturbable serenidad aun en los momentos más difíciles y su amor a los pobres, a quienes ha impartido su ayuda, no sentada cómodamente en su casa, sino yendo a buscarlos a sus humildes viviendas, y si es necesario a los hospitales y cárceles; hasta allá va a dar de comer al hambriento, a levantar al caído, a enjugar una lágrima. Y todo esto es lo que constituye nuestro patrimonio; ésa es nuestra herencia, no un puñado de monedas que pudieran escapar de nuestras manos o envilecer nuestras conciencias".

Por cuestiones geográficas, de latitudes y esas cosas, vino ella varias veces a mis pensamientos durante aquellos inolvidables días del verano de 2006, cuando por cierto volví a coincidir con mi amigo en el certamen mundialista, en Leipzig, en los alrededores del estadio donde unas horas después se jugaría el México contra Argentina:

– "Pinches alemanes, qué bien organizan todo", me dijo después de sentarnos ante una mesa al aire libre, cada quien con su café en frente.
– Sí, dentro y fuera de la cancha. No cabe duda, es otra cultura.
– Otra cultura, otra educación, otra raza, otra preparación física y mental.
– Dentro y fuera del futbol. Por eso siempre lo digo: en ningún país puedes aislar lo sucedido en ámbitos de mayor importancia, de lo que después ves en la cancha.
– O sea, no puedes pedirle a ninguna Selección un gran futbol si el país de donde viene es un desastre.
– Exactamente, nada más ve lo patético de la "alternancia" por la que acabamos de pasar. Lo decepcionante que resultó este sexenio cuando en verdad muchos creímos que las cosas iban a cambiar.
– Y lo que sigue. Ya no sabes ni a cuál irle.
– Así es, por desgracia.
– Pero tampoco Brasil es un modelo de país a nivel mundial, y en el futbol es potencia.

– Claro, porque también entran en juego otros factores. De raza, de alimentación, de qué tanto y qué tan organizadamente se juega al futbol desde que eres niño.

– Es cierto.

– Y en todo eso también los alemanes son potencia, pero con el añadido de esas otras ventajas que tarde o temprano, en mayor o menor medida, se reflejan en la cancha.

– ¿Como cuáles?

– Además de esos factores de raza y de alimentación, Alemania y otros países están por encima de México en el ámbito social, en el económico, el político, en lo que se refiere a nivel educativo y de lectura, a cultura deportiva, a impartición de justicia, a participación ciudadana, a conciencia cívica, a generación y repartición de la riqueza, a...

– Ya, ya te entendí, tampoco te excedas ni exageres.

– No, ni exagero ni me excedo. ¿Qué pasaría, por ejemplo, si en lugar de copas del mundo de futbol se celebraran competencias internacionales entre políticos y gobernantes?, ¿cómo le iría a México?

– Pinche descenso garantizado.

– Por supuesto, y por eso antes de pedir una mejor Selección Nacional deberíamos exigir un mejor País, y trabajar cada quien en lo que pueda para conseguirlo, desempeñando lo mejor posible el propio rol.

– Me parece mucho pedir.

– Puede ser, pero nada imposible.

– Oye, está padre la plática, pero ya tengo que irme al estadio.

– Es cierto, a mí también se me hizo tarde. Qué gusto haber coincidido otra vez.

– Sí, que sea más seguido. A ver cuándo nos vemos, y me saludas por favor a todos tus ancestros.

Roberto Gómez Junco

## XX

Es más fácil escribir sobre quienes escribieron algo, que hacerlo sobre quienes no hayan dejado constancia alguna por escrito.

Fue abundante lo versificado por Celedonio desde los 18 años hasta los últimos días, lo más sustancial de ello reunido en sus tres libros publicados. Y voluminoso también lo escrito en sus editoriales y en su nutrida relación epistolar con familiares y amigos.

En su juventud, versificar empezó siendo un escape; y a sus 25 años, Monterrey un refugio. Desde entonces y para siempre.

De niño aprendió cosas que los demás no aprendieron porque preguntó como ninguno preguntaba.

No se daba por satisfecho con las enseñanzas recibidas, indagaba siempre un poco más allá de lo indispensable, de los datos e información generales, tradicionalmente aceptados como "suficientes".

Buscaba el origen de cada conocimiento adquirido, no sólo el qué, el cuándo y el dónde, sino también los porqués y el cómo.

Conforme fue creciendo fue asumiendo y asimilando su condición de chaparro. Muy pronto supo que físicamente no crecería mucho, pero también entendió cuáles eran sus fortalezas, y las desarrolló al máximo.

Como no podía ni le interesaba ganarse un sitio por la vía de la práctica de algún deporte, desde joven se ganó ese lugar y un amplio reconocimiento con su sobresaliente inteligencia y su elevada sensibilidad, cualidades puestas al servicio de su innata capacidad para escribir y versificar, descubierta temprano por él mismo, y alegremente desarrollada y perfeccionada.

En su querido refugio regiomontano, y en gran parte gracias a Elisa y a los hijos que después llegaron, Celedonio encontró poco a poco los necesarios bálsamos y la forma de encajar lo mejor posible en una sociedad a la que había tardado mucho tiempo en entender, a la que quizá nunca comprendió cabalmente; pero se adaptó como pudo y terminó siendo feliz en ella.

Nunca perdió su capacidad de asombro, y mientras fue madurando también fue aprendiendo a divertirse con lo que antes le molestaba. De no entender muchas veces por qué algunos de sus semejantes no podían pensar como él, pasó a entretenerse con lo que otros pensaban, y a respetarlo. Aprendió a valorar su propia percepción de las cosas, sin esperar que los demás tuvieran la misma.

Pero si de refugios se trata, leer y escribir fueron sus preferidos desde que tuvo uso de razón hasta el final de su existencia.

Leyó con fruición a los clásicos, a Homero y a Virgilio como materias obligadas, a Dante Alighieri con profunda curiosidad, a Petrarca con la indispensable introspección, a Cervantes con placer y detenimiento, a Shakespeare con sorprendida avidez, a Sor Juana Inés de la Cruz con admiración, a Victor Hugo y a Dostoievsky como novedades, a Quevedo como obligado divertimiento, a Díaz Mirón con respeto, y a sus amigos escritores y poetas para así enriquecer y elevar el nivel de las convivencias y conversaciones con ellos.

Dominador de las formas, también conocía el fondo de muchos asuntos, con su permanente, serena y aguda observación de lo que le rodeaba, le afectaba o le atañía.

Por eso en primera instancia me desconcertó un poco su decisión, en sus labores como editorialista, de mantenerse al margen de los temas políticos, como se lo explicó a su amigo Ricardo Arenales (Porfirio Barba Jacob) al iniciar sus colaboraciones con El Porvenir en 1919:

"... se robustece mi fundamento para aceptar desde luego lo que me propone; sólo que irá indicado aquí de modo terminante mi propósito firmísimo de no tomar yo parte -ni la más menuda- en asuntos que se relacionen con la política de mi país.

"Si desea utilizarme con esta cortapisa (única que me aventuro a ponerle y a ponerme), hallará en mí al antiguo compañero bien dispuesto a prestar esa colaboración.

"Usted sabe cuán escaso fue siempre mi entusiasmo para temas políticos, y no ha de parecerle rara mi abstención de hoy. Lo que en este sentido hice en aquella época se basaba en desinteresadas adhesiones de que no me arrepiento, por más que en el terreno de la práctica tropezaran con el fracaso definitivo. Puedo asegurar que aquel fue mi único ensayo sobre la materia; de modo que el desabrimiento mío hacia esas pugnas vino a cobrar fuerza hasta convertirse en arraigado escepticismo".

Tal vez su corta y fallida experiencia maderista en el ámbito político lo desanimó para seguir abordando esos temas, y así los lectores de El Porvenir primero, y de El Sol después, se perdieron de sus valiosas opiniones en esa materia, aunque disfrutaron de su agudeza y su buena prosa en sus editoriales sobre otros asuntos.

Pero también estaban, quizá como justificación de la postura asumida, las circunstancias de arranque de El Porvenir, de cuyo nacimiento se especulaba que pretendía responder a los intereses del gobernador en turno, enfrentados con los del alcalde de Monterrey, quien ya contaba con otro periódico, El Progreso, como herramienta para impulsar su propia causa.

Dichas especulaciones sólo quedaron en eso, porque en la práctica El Porvenir adquirió muy pronto, ganado a pulso, un amplio reconocimiento por su imparcialidad y el rigor periodístico que lo ha distinguido siempre.

C. Junco de la Vega había colaborado en La Crónica de Matamoros; y después, en Monterrey, colaboró en El Espectador, El Grano de Arena, El Porvenir, El Sol, y ya estando semi retirado de esas labores periodísticas le tocó de cerca el nacimiento de El Norte en 1938, como prolongación de la empresa fundada por su hijo mayor y como antecedente de lo que once lustros después sería el Grupo Reforma.

A través de ese vasto material escrito por Celedonio, podemos acercarnos a conocerlo un poco quienes no tuvimos la oportunidad de hacerlo en persona; y de la suya mucho puede deducirse leyéndolo.

Podemos saber cómo veía la política, cuál era su opinión sobre el trabajo, sobre algunos personajes de nuestra historia, sobre la familia, la justicia, la honestidad, los verdaderos valores, sobre el lenguaje y la poesía; y podemos también deducir, atisbar cómo palpaba y percibía a la sociedad en que vivía, cuál era su postura ante las distintas religiones y ante la historia misma.

Su voz era de tono medio, ni aguda ni grave; su dicción impecable. Pulcro, preciso y elocuente su manejo de las palabras. Una sonrisa fácil, siempre a flor de labios; y una risa por completo desinhibida, con desparpajo, a veces estentórea.

Su baja estatura rondaba el metro con 60 centímetros. En realidad no era percibido por los demás tan chaparro como él mismo se sentía.

Cuando cumplió 40 años de matrimonio, en noviembre de 1933, a sus 70, su hija Aurora lo felicitó a través de una carta enviada desde San Luis Potosí hasta Monterrey; en ella incluía unos versos, en alguna de cuyas líneas decía mandarle su corazón.

En su carta de respuesta, Celedonio incluyó también una décima como cierre de su agradecimiento:

> Me mandas el corazón
> que habías dado a Roberto,
> y me pone en desconcierto
> tu original decisión.
> Mas resuelvo la cuestión,
> mi queridísima Aurora,
> bajo ley niveladora:
> aquí tu padre te envía
> aquel corazón que había
> entregado a su señora.

Buscándole por doquier, y sobre todo leyéndolo, mucho pude descubrir con respecto a la vida de mi bisabuelo.

## El ilustre pigmeo

¿Cuánto se necesita saber de una persona para poder decir y sentir que verdaderamente lograste conocerla?

Porque para conocer a un futbolista como tal, en cambio, basta con verlo jugar, si no en vivo y de cerca, por lo menos a través de las imágenes en movimiento capturadas por la televisión o por el cine.

En esa tesitura son insuficientes, para quienes no lo vimos jugar, las evidencias sobre la categoría de Alfredo Di Stéfano como futbolista, aunque las escasas y no muy nítidas imágenes disponibles sirvan para percibirlo como un extraordinario jugador, claramente adelantado a su época.

Por ser tan diferentes actividades, conozco menos de la calidad como futbolista del astro argentino-español, que de la capacidad de Celedonio como poeta, a pesar de haber vivido el primero desde 1926 hasta 2014 y el segundo de 1863 a 1948.

Así como al escritor podemos evaluarlo solamente leyéndolo, al futbolista podemos aquilatarlo sólo viéndolo; y entre quienes yo he visto durante 60 años, según mi propia percepción del juego, hay cuatro evidentemente por encima del resto.

Cuatro jugadores en el olimpo futbolero, ocupando un lugar más elevado que los demás; los cuatro incomparables en la historia de este juego, citados aquí en estricto orden de aparición: Pelé, Cruyff, Maradona y Messi.

¿Habrá nacido el siguiente?

Por ser ámbitos tan distintos, en el caso de los poetas sería imposible mencionar con similar certeza a los cinco o seis mejores del habla castellana, y evidentemente mi bisabuelo no estaría entre ellos.

Lo atractivo de ese personaje, sin embargo, no sólo radica en su elevada calidad como poeta, sino en cómo la conjugaba con su calidad como persona. Trabajador desde su juventud, desprendido por naturaleza, honrado a cabalidad, lejos de las ostentaciones, sencillo en el trato.

Si viendo jugar a un futbolista no lo conoces como persona, o lo conoces muy poco, en el caso de los escritores, de los poetas, gran parte de su persona está en sus escritos.

– "¡Sigues con tus pinches comparaciones forzadas!", exclamó mi amigo cuando platicamos sobre todo esto, en el verano de 2012, un poco después del histórico logro de la Selección Olímpica Mexicana de futbol: la obtención de la medalla de oro en Londres.

– ¿Se te hace forzada esa comparación?

– Sí, forzadísima. Siempre que hablas de Siliconio le buscas a fuerza cómo comparar sus cosas con el futbol.

– Celedonio. ¿Y no te parecen comparables en algunos casos?

– No, para nada.

– Bueno, es cierto, tal vez tengas razón. El futbol es otro mundo y en él suceden cosas que en ninguna otra parte puedes ver.

– ¿Como cuáles?

– Sólo en el futbol, por ejemplo, se aceptan como buenas "premisas" como ésa de: "Los verdaderos aficionados son aquellos que apoyan a su equipo en las buenas, pero sobre todo en las malas".

– ¿Cómo?

– Sí, eso mismo no lo ves en ningún otro ámbito. A un escritor pidiendo que por favor los lectores lo apoyen comprando y leyendo sus peores libros porque los buenos se venden solos. O a un actor o a un director de cine pidiéndonos ir a ver sus películas malas porque es con ésas con las que más nos necesita como espectadores, como consumidores.

– No había pensado en eso.

– ¿Y como en qué has pensado?

– Cálmate, Rodin. Sólo digo que no se me había ocurrido eso, pero no está tan descabellado.

– ¿Qué?

– Eso de los escritores, o los actores o directores de cine, quienes para nada andan pidiendo que los apoyemos sobre todo en las malas, con sus peores libros o películas.

– Claro, y sin embargo en el futbol mexicano, no sé si en el de todo el mundo, ese ridículo estribillo se repite con frecuencia y muchos seguidores hasta presumen de simpatizar con equipos perdedores.

– Con ese dizque argumento de la necesidad de apoyarlos sobre todo en las malas.

– Sí, y ateniéndose al otro argumento de que no tiene chiste ni mérito alguno eso de irle a equipos ganadores.

– Me gusta tu razonamiento, pero déjame analizar con calma tu teoría y después te digo si le encuentro alguna falla.

– Son simples verdades de Perogrullo.

– Puta madre, cómo te encanta hablar de ese cuate.

# XXI

– Eso es lo bueno.

– ¿Qué?

– ¿Qué de qué?

– ¿Qué es lo bueno?

– Lo bueno de compartir durante tanto tiempo las lecturas.

– ¿Por qué?

– Porque si por ejemplo yo hablo de Ignatius, o de Sancho, o de la Maga o de Avellaneda, tú sabes que estoy hablando de Kennedy Toole, de Cervantes, de Cortázar y Benedetti.

– Ah, sí, y también podemos hablar de Poirot o de Maigret, o de Florentino Ariza o del capitán Alatriste.

– O del pintor de batallas, o de Fermín Romero de Torres, o de Cicerón.

– O de Jonathan Ferrer, o de Dumbledore, o del guardián ése entre el centeno, que nunca supe cómo se llama.

– Creo que se apellida Caulfield, o algo así.

– O de Klingsor, al que en todo el libro se la pasan buscándolo.

—O del otro cuyo nombre realmente nunca se sabe, el genial detective improvisado de la magnífica trilogía de Mendoza.

—Por no hablar de RIUS y su aguda visión sobre diversos temas.

—Una sencilla y muy entretenida manera de aprender leyendo, de formarse una opinión más sólida sobre esos esenciales temas abordados por él.

—¿Y te acuerdas de Melitón Samaniego Teocaltiche?

—Inolvidable protagonista de aquel otro grandioso ensayo de Almazán sobre los mexicanos.

—Muy distinto al caso de Javier Marías, quien parece poner mucho de sí mismo en sus personajes.

—Como algunas veces se ve a Paul Auster, casi casi como si fuera el personaje central de sus propias novelas.

—¿Y qué tal aquel simpatiquísimo escribidor de la época de la Tía Julia?

—Maravillosa su locura.

—O el mismo Vargas Llosa como pez en el agua.

—Estupendo testimonio.

—Cómo nos sirvieron las lecturas para librarla en aquella época de futbolistas, de tantos viajes y "concentraciones"; y cómo siguen sirviéndonos ahora.

—Muchísimo. Quién sabe cómo le hubiéramos hecho y seguiríamos haciéndole sin ese refugio de los libros.

–Sí, los seguidores de este maravilloso juego sólo ven su mejor parte, lo sucedido en los partidos de cada jornada, de cada fin de semana; y ven a los futbolistas y los envidian como los seres privilegiados que sin duda son, que sin duda fuimos.

–Pero no saben, no tienen la menor idea de todo lo que debe hacerse para ganarse un sitio en la cancha.

–Así es, no sólo la durísima competencia interna, la lucha diaria por ganarse ese lugar, lo cabrón de los entrenamientos, o lo extenuante, para decirlo más bonito; el tremendo sacrificio físico.

–Sí, y también está lo difícil de la convivencia, ver todos los días a los mismos compañeros y al mismo director técnico; en los entrenamientos, en los viajes, en los aviones, en los hoteles, en los desayunos, comidas y cenas.

–Y compartiendo habitación con algunos de ellos.

–Otro de los valores inculcados por el futbol, ¿no?; ése de cómo la obligada pero excesiva convivencia pone en verdad a prueba a cualquier amistad, como pone a prueba a los matrimonios.

–De acuerdo, es cierto, pero en aquel entonces todo se compensaba con lo que disfrutábamos en la cancha.

–Claro, con creces.

–Con creces y de a madre.

–Ya son 22 años de no jugar, increíble la velocidad con la que pasa el tiempo.

– Sí, siento como si mi etapa de jugador se hubiera producido en otra vida.

– Como si fuera otra persona la que jugó y no tú. O si no otra persona, tu otro yo, muy distinto al actual. Así es como yo lo siento.

– Exactamente, y yo al principio, recién retirado, sentía ganas de meterme a la cancha en cada partido que veía, pero ahora ya no.

– Yo a veces sueño que me toca jugar un partido muy importante, y dentro del sueño siento no estar en condiciones de hacerlo, porque esas condiciones son las actuales, con sobrepeso y muy lejos de la fuerza y la velocidad necesarias; pero no me atrevo a decírselo al técnico y espero librarla en el juego sin que los demás se den cuenta de mis desventajas.

– Qué pinche manera de soñar la tuya.

– Sí, ya sé.

– ¿Y cómo te va en el partido?

– Casi siempre me despierto en cuanto inicia.

– Yo para nada tengo pesadillas como ésa.

– Así es, una auténtica pesadilla.

– Yo cuando llego a soñarme dentro de un partido por lo general me convierto en el héroe, en el anotador del gol de la victoria.

– Seguramente un golazo.

—Sí, claro. Pero en realidad, como te decía, cada vez extraño menos la cancha, cada vez se me antoja menos estar adentro, no sé si por simple resignación.

—No, pero aunque vaya disminuyendo siempre sigue sintiéndose esa añoranza, la de extrañar lo que hacíamos.

—Y a veces casi como no creer que de veras lo hicimos.

—Es cierto, al margen de la altura que cada quien haya alcanzado como futbolista. Dolió mucho dejar de jugar, pero después de tanto tiempo hay ocasiones en que ya no me acuerdo ni siquiera de ese dolor.

—Porque además la vida te va dando golpes verdaderamente dolorosos.

—Sí, cada dolor tiene su tiempo, su espacio y su grado de intensidad. Ayer estuve pensando eso, cuando leí algunas cosas sobre mi bisabuelo y su etapa final, cuando dejó de escribir en el periódico.

—¿Sigues con eso de investigar y escribir algo?

—No mucho, pero cuando en familia sale ese tema sí sigue interesándome. Y ayer hablaban de cómo sus últimos 10 años los pasó medio recluido, medio refugiado en su casa, ya sin escribir con la misma frecuencia sus editoriales y sólo versificando como entretenimiento.

—¿Ya de viejito?

—Bueno, de los 74 a los 84.

– O sea que nos faltan 20 años para empezar a preocuparnos por eso; y mientras, en esta etapa de nuestra vida, sólo nos queda seguir disfrutando del futbol desde afuera, como simples observadores.

– Disfrutar el futbol, analizarlo, pero también ponerlo en su justa dimensión.

– La de un simple juego.

– Un simple juego a partir del cual podemos entender otras cosas.

– Y tal vez ayudarles a los demás a entenderlas un poquito mejor.

– Sí, ayudarles en la medida de lo posible. Yo creo que dentro y fuera del futbol, lo que hay que hacer es saber alumbrarse ojos y manos y corazón y cabeza; y después, ir alumbrando.

– Cálmate, Andrés Eloy.

– Tú siempre tan atento y tan pendiente. Pero en serio, además de lo que sentíamos al jugarlo, de algo nos sirvió el futbol para madurar como personas, e incluso sigue sirviéndonos para entender mejor lo que sucede en otros ámbitos, empezando por el de la política, tan contaminado en este país.

– Cada vez más, con el descaro de tantos gobernantes corruptos que tranquilamente se pasean ante el pueblo con sus millones.

– Con los intereses de cada partido político por encima de los intereses de los ciudadanos comunes y corrientes; y con algunos de esos partidos sólo creados para vivir cómodamente a costillas del Erario.

– Además me molesta cómo se utiliza al futbol para desviar la atención del pueblo sobre otros problemas, para mantenerlo adormilado.

– Sí, quien haya dicho aquello de "para el pueblo pan y circo", es obvio que no conocía la tortilla y el futbol.

– Como que vas madurando con tus comparaciones, cada vez menos mamonas, y hasta siento que a ti dejar de jugar futbol te sirvió para ubicarte mejor después de la inicial destanteada; porque en aquel entonces todos creíamos que estabas loco.

– Mejor vámonos poco a poco, pues ya en los nidos de antaño no hay pájaros hogaño.

– No, güey, qué bueno que ya no juegas, porque con esas poses quijotescas los compañeros te madreaban.

# XXII

– "Pinche Messi está cabrón".

Así me saludó mi amigo ex futbolista en el penúltimo de nuestros encuentros, mientras veíamos un partidazo entre el Real Madrid y el Barcelona, el 23 de abril de 2017, en ese "Día del Libro", aunque deberían serlo todos, designado cuando se creía que Cervantes y Shakespeare habían muerto en la misma fecha, el 23 de abril de 1616, aunque después se supiera que ambas muertes se produjeron con algunos días de diferencia.

– Sí, es increíble esa innata y progresiva facilidad del crack argentino para mejorar cada balón que le llega, para darle a cada jugada esa dimensión que nadie más puede, para decidir y ejecutar con rapidez y precisión nunca antes vistas, para realizar una segunda jugada cuando los adversarios están pensando apenas cómo hacerle para impedirle la primera.

– A tal grado que incluso en sus partidos supuestamente flojos, con cada jugada en la que participa, sobresale del resto.

– No hay partido en el que no sobresalga, aunque los observadores simplistas y elementales, la mayoría, solamente sean capaces de evaluarlo por sus goles o sus pases para gol.

– Para mí es el mejor jugador en la historia de este deporte, de este maravilloso juego.

– Sí, de acuerdo, aunque muchos sigan exigiéndole ganar una Copa del Mundo, como si logros como ése se obtuvieran individualmente y no en equipo.

– Sin entender lo de "futbol asociación", dentro y fuera de la cancha.

– Así es, confundiendo los triunfos colectivos con las capacidades individuales.

– Se confunden de a madre, ya no digamos cuando se ciegan con las camisetas. Y eso ha propiciado la increíble polémica moderna sobre quién es mejor entre Messi y Cristiano.

– Sí, jugadorazo el portugués, con una disciplina, un convencimiento y una perseverancia admirables, para irse forjando a sí mismo y así alcanzar inusitados niveles; pero increíble que la incapacidad de tantos para distinguir lo que cada cual juega los lleve a pretender compararlos, cuando pueden ser comparables como goleadores pero no como jugadores.

– Y ahí también está por desgracia la influencia de los medios en los que tú has participado durante tantos años.

—Pues sí, hay de todo. Con la improvisación ya comentada y con el afán de inventar polémicas para vender más periódico o para llenar y hacer más "atractivos" los espacios de televisión.

—Y también interviene en esto el escaso conocimiento del juego, la alarmante incapacidad para analizar los partidos al margen de los simples resultados.

—O para hacerlo, como bien dices, sin obnubilarse con alguna playera.

—Qué pinche terquedad para complicarte con las palabras.

—Bueno, sin cegarse, sin que alguna camiseta o determinados colores les obstruyan la visión, o la preferencia por un equipo les impida emitir juicios más certeros, diagnósticos menos desatinados.

—Y además han abusado con eso de poner como dizque analistas a ex jugadores que no tienen mucha idea ni cuentan con el mínimo y más jodido decoro en el manejo del lenguaje.

—Puede ser, porque por lo general los aficionados, los lectores y los televidentes se fijan más en quién lo dice y no tanto en qué se dice o cómo.

—Muy pocos comunicadores capaces de conjugar a elevados niveles el fondo y la forma.

—Sí, muchos no logran expresar bien lo que sí saben, y muchos otros son capaces de hablar impecablemente de lo que no entienden, por no mencionar a esa mayoría conformada por quienes no saben qué decir ni cómo decirlo.

– O les falla la forma, o les falla el fondo, o les fallan los dos.

– Así es. Nada fácil encontrar casos de comentaristas como Heriberto Murrieta o Ciro Procuna, por poner dos ejemplos.

– Sí, nada fácil. Porque además esto de la comunicación está cabrón, no es tan sencillo, y en nuestro futbol es un problema serio todo eso, las deficiencias que tenemos en ese sentido.

– ¿Como cuáles deficiencias?

– Nomás ve a tantos dirigentes y entrenadores con sus dificultades para hablar y para comunicarse, muy pendejos en esa materia. Ya no digamos los jugadores.

– Con una importante diferencia: los jugadores, es con el balón y con el juego con lo que deben comunicarse adecuadamente, aunque una mayor preparación como persona tarde o temprano también ayuda a mejorar en la cancha.

– Claro, puede ayudar un chingo.

– Y si no te ayuda a jugar mejor por lo menos te ayudará a enaltecer un poco al futbol.

– ¿Cómo?

– Sí, ahí están los casos de Menotti, de Valdano o de Guardiola, claros ejemplos de cómo puedes llegar incluso a calificar como intelectual a pesar de haber sido futbolista.

– ¿Tanto así?

– Por supuesto, y así han servido como complemento de lo sucedido en sentido contrario.

– ¿En cuál sentido?

– Por un lado se incrementa la cantidad de intelectuales seguidores de este juego, y por el otro futbolistas como ellos usan el propio intelecto a elevados niveles, para convertirse en agudos y respetados observadores de cuanto sucede a su alrededor, no sólo dentro de las canchas.

– Pero por desgracia estás hablando de rarísimas excepciones.

– Eso sí, lamentablemente. Pero también, aunque no sea suficiente, es indudable la mejoría en ese renglón en el futbol de todo el mundo, y sobre todo en el mexicano. En general ha seguido elevándose el promedio de escolaridad y de preparación de los jugadores.

– Y sin embargo en México siempre nos topamos con el bajo nivel de educación como origen de la mayoría de nuestros problemas, dentro y fuera del futbol.

– Sí, y entre menor es el nivel educativo mayor es la cantidad de votos asegurada por quienes son los principales responsables de ese bajo nivel, que sigue conviniéndoles.

– Algo que en México y en todo el mundo empezaría a cambiar si se leyera más.

– Si el Presidente del País no pudo mencionar siquiera tres títulos de libros, ya no digamos leerlos, imagínate cómo anda el nivel de lectura en otros lados.

– Vergonzoso de a madre.

– Mucho. ¿Cuántos libros habrá leído la mayoría de los dirigentes de nuestro balompié?; por no hablar de tantos improvisados gobernantes, tantos alcaldes, diputados, presidentes, gobernadores y funcionarios ávidos de desempeñar altos cargos y de servirse de sus respectivos puestos para enriquecerse ilícita e impunemente, sin requerir para llegar arriba ni siquiera de una elemental dosis de lectura.

– Lastimosa nuestra pinche realidad mexicana en ese sentido.

– Sí, es una verdadera lástima.

– Pues sí.

– Pero bueno, tengo que irme. A ver si nos juntamos más seguido.

– Claro, seguimos en contacto. Y por cierto, hablando de lecturas, por favor no se te olvide avisarme cuando finalmente te decidas a escribir algo sobre el tío abuelo Polinesio.

## XXIII

Don Cele fue muy amigo de Manuel José Othón, a quien además de dedicarle dos poemas en su "Musa Provinciana", alguna vez lo aconsejó en corto con uno de sus característicos e improvisados epigramas:

Buen Manuel, para que hables
bien mañana en el teatro,
tómate unas tres o cuatro
gárgaras de las potables.

A tal grado llegaba esa amistad, que mi abuela Aurora, con motivo de las Bodas de Oro de sus padres, escribió unos versos familiares como parodia de "La Casita", la famosa composición de aquel gran poeta potosino.

¿Que de dónde, amigo, vengo?,
de una casita que tengo
que se llama del Juncal.
Nada tiene de chiquita,

pero sí rete bonita
por la gente que ahí está.
Son Don Cele y Doña Elisa
la pareja que da risa
por lo dispareja que es.
Ella siempre fue muy alta;
medio metro a él le falta
para verse a su nivel.

Así empezaba dicha parodia estrenada en el festejo de aquel 9 de noviembre de 1943 para deleite de Celedonio, quien la disfrutó doblemente, por lo que ahí se decía y porque viniera de su propia hija lo dicho y escrito, cantado además por varios de sus nietos, entre ellos mi padre, cuyas pláticas tanto extraño, como extraño las de mi madre:

Cambió todo en ese día
que tu muerte sobrevino,
y hoy transitas otra vía
diferente a este camino.

Quizá Don Cele se perdió de mucho al perderse del futbol, de los múltiples encantos de este juego, de lo provocado por ese inusitado fenómeno social en todos los confines de la Tierra.

Por haber nacido y vivido antes, no le tocó ser testigo observador, aunque fuera lejano, de memorables partidos, de inolvidables gestas, de auténticas hazañas futboleras, de cientos de grandes goles y de las contrastantes reacciones provocadas por esos goles en los distintos rincones del planeta.

Pero a cambio de todo eso, ganó en su círculo cercano y en el ámbito familiar lo que muy pocos ganan.

Alcanzó a saber que en su querida Matamoros le pusieron su nombre a una calle, y después a una escuela y a un parque; pero no le tocó en vida el nacimiento de "su calle" regiomontana.

Es cierto, en este México de las bromas pesadas y el humor negro han sido innumerables los políticos o gobernantes bandidos, o los falsos próceres y las dudosas figuras que terminan viendo su nombre inscrito en una calle para nombrarla, o siendo glorificados con estatuas gigantescas o monumentos de ellos y a la estulticia. Pero muy distinto a esos casos de ladrones inmortalizados y de personajes fabricados fue el de Celedonio, cuyos méritos poéticos y de vida fueron evidentes, nítidos, incuestionables; con esa transparencia similar a la de los éxitos y fracasos de los futbolistas, siempre a campo abierto y a la vista de todos.

Por ser tan reconocido en vida, a Don Cele no le hubiera extrañado saber con qué frecuencia ha sido tema central y entretenido en largas conversaciones en las reuniones familiares. Primero entre sus hijos, nueras, yernos, nietos; y después, aunque esporádicamente, en las siguientes generaciones, las de sus bisnietos y tataranietos.

Tampoco le hubiera extrañado que fuera mi papá, su nieto Roberto, quien me hiciera interesarme en su obra y en su vida, con todo lo que me contaba de su abuelo, de su sencilla pero inquieta personalidad, su natural simpatía, su agudo ingenio, su festiva perspicacia, su chispa versificadora.

Celedonio ni siquiera podía intuir o imaginar que a un bisnieto suyo, nacido ocho años después de su muerte, el gusto por la versificación pudiera también llegar a servirle como desahogo en trances dolorosos:

> Contigo en el cielo,
> no hay tregua ni calma.
> No encuentro consuelo,
> mi hermano del alma.

No podía adivinar que el título de su columna tan leída durante mucho tiempo, "El Cristal con que Miramos", a 15 días de su partida sería utilizado por su hijo Eduardo para escribir en su honor un poema luctuoso con siete conmovedoras cuartetas, entre ellas estas dos:

> Tan frágil como el cristal
> fue tu cuerpo muy pequeño;

de un corazón era dueño
que nunca albergaba el mal.
Pura, blanca, de cristal,
fue tu viril existencia;
clara y limpia tu conciencia,
sin vanidad terrenal.

Mi tía Locha, nieta de Celedonio, así lo percibe en el recuerdo familiar: "Era de mente muy ágil, oportuno en sus comentarios, apreciado en el medio de los poetas y escritores".

Cuando ella cumplió tres años, su abuelo le dedicó estas versificadas líneas:

Por tus tres años y tus anhelos,
bella Eloísa,
con el cariño de tus abuelos
Cele y Elisa.

En alguna ocasión me dijo Patricio, también nieto de él y tío mío: "Mis recuerdos de Celedonio son los de mi madre, y en los de ella van los míos. Al regalarme 'Musa Provinciana', ella intuía que como caja de resonancia prolongaría la memoria del ausente".

El nieto mayor, Rodolfo, escribió lo siguiente con respecto a Don Cele: "Hombre de pequeña estatura y gran talento para versificar, hacía uso de nuestra lengua con una seguridad que pasmaba".

Mi tío Horacio, el decimoquinto de los nietos, así recuerda a su abuelo en la etapa final, cuando le tocó convivir con él: "Bondadoso y resignado; disminuido físicamente. De pocas palabras".

Su hijo Humberto escribió: "Hemos visto en nuestro padre el amor al trabajo, el estricto cumplimiento del deber, su honradez sin mácula, una incorruptible decencia, su hidalga caballerosidad, su escrúpulo llevado a la quijotería y una vida diáfana y fecunda consagrada por entero al trabajo y al hogar".

Y su hija Aurora, mi abuela, así se refirió a él: "Nunca permitió la murmuración en su casa, aunque fuera en tono festivo. Las correcciones gramaticales eran el platillo diario y hasta nuestro placer en la conversación".

Alejandro Junco de la Vega, creador del Grupo Reforma, resumió así su percepción de la figura de su bisabuelo: "Papá Cele era muy buen conversador; con un cuchillo en la mano, simultáneamente 'pelaba' y cortaba una manzana mientras mantenía a su numerosa familia cautivada con su relato".

Celedonio tampoco se enteró de gran parte de lo que a lo largo de su vida o después de su muerte dijeron sobre él otros poetas, escritores, periodistas, compañeros, familiares, descendientes; o sus amigos, quienes cariñosamente le llamaban Veguita:

– En sus ojos obscuros fulgura la luz de la inteligencia.

– Trabajador infatigable, de menudo y endeble cuerpo, pero de ingente y robusto espíritu.

– Para Don Cele la riqueza no tenía sentido. Vivía feliz dentro de una modestia honrosa, sin atormentarse jamás por el deseo de poseer lo que no había conquistado honestamente.

– Ejemplo de hombría de bien, de robusta jovialidad, de luminoso y diáfano vivir.

– Nunca dijo un improperio, sus labios no se mancharon con el insulto.

– Don Celedonio fue un caso especial en el microcosmos alegre y austero al par de las letras. Hidalgo por la sangre y el espíritu, caballero sin mácula en el discurrir ondulante de la vida ordinaria y cotidiana.

– Versos de tan alto estrato, tal vez haya quien cincele. ¿Y el epigrama inmediato?; ¡ése era el don de Don Cele!

– Ahora su alma ha de transitar en los jardines de la Patria Prometida, al lado de aquellos que alentaron en los cuerpos de su amistad y de su simpatía: Manuel José Othón, Barrero Argüelles, don Pancho Morales, el Padre Hinojosa y cien más.

– Era muy buen conversador y tenía un fino sentido del humor; su ingenio fluía en la plática y está patente en sus versos humorísticos. Era pequeño de estatura, efusivo y caballeroso; nunca escuchamos de sus labios una vulgaridad.

– Su sepelio fue una demostración del cariño, respeto y simpatía que supo conquistar.

– Se fue del mundo la última prócer figura literaria del Monterrey romántico de principios de siglo.

– Fue una vida con aseo; pulcra, plena, apasionante, la de ese "ilustre pigmeo", que en realidad fue gigante.

– En las fiestas sociales y patrióticas había logrado imponerse por lo correcto de su dicción; por su espontaneidad para declamar y por los vuelos de su inspiración, siempre orientada a la exaltación de todo lo nuestro, de todo lo noble y de todo lo bello.

– Don Celedonio, parco en la juventud, sobrio en la madurez, austero en la senectud; siempre jovial y caballeroso, posee el privilegio de una memoria siempre lista a satisfacer a los que algo inquieren. "Humorista desconocido", ve placenteramente deslizarse los días y entona en propia carne "el himno perdurable de la vida", y como todo hombre de bien se ufana de su cuna, vinculada a la H. Matamoros, y siente muy hondo cuando su nombre literario, sensitivo y diáfano, ocupa un sitio principal entre los poetas de América.

– Culto sin afectación; correcto sin atildamiento.

– El último neoclásico regiomontano.

– Con la tarea bien cumplida, todo fue descanso y gozo, cuando al final de su vida, llegó el insigne coloso.

– En una Vega florecida de ensueños nació este Junco, que es flexible pero no se quiebra.

– Siempre festivo, siempre de buen humor, enhebra en la plática, con oportunidad, el zumbón epigrama, el cuentecillo andaluz, los improvisados versos, cuya misión consiste en arrancar una risa y morir inmediatamente olvidados. Son pompas de jabón que ascienden brevemente y estallan sin ruido.

Eso también le gustaba, lo efímero de sus versos. Pero, ¿y Don Cele, Veguita, Celedonio, Papá Cele?, ¿qué tan efímera es su obra entera y cuánto han tardado en olvidarlo a él?

# XXIV

Tres meses después mi amigo me sacudió con su llamada de celular a celular:

– Dicen que me estoy muriendo, cabrón.
– ¿Qué?
– ¿Qué de qué?
– No, güey, no chingues, ¿qué me estás diciendo?
– Que me estoy muriendo, según el doctor. Una de esas pinches enfermedades con las que te lleva la chingada cuando menos te lo esperas.
– No, hombre, nadie va a llevarte a ningún lado todavía. ¿Puedo ir a verte mañana o pasado?
– Claro, vente, acá estoy solo; para echarnos la última platicada.

Estaba solo desde hacía varios años, después de su segundo divorcio, ya con sus hijos habiendo hecho su propia vida. Él había dilapidado y malgastado a través de los años los millones que ganó como futbolista, y terminado casi casi en la penuria, viviendo al día y durmiendo en un pequeño cuarto cuya modesta renta cada mes batallaba para cubrir.

Todavía impactado con la triste noticia, tres días después fui a verlo y me encontré con un escenario más dramático que el imaginado. Mi gran amigo estaba literalmente muriéndose.

Le di un abrazo y hablamos sobre el mal que lo consumía, aunque las palabras sobraban por lo dolorosamente notorio de los estragos.

Como le costaba mucho trabajo respirar, su voz era apenas audible, intermitente, débil. Sus frases y oraciones interrumpidas, como saliendo a cuentagotas con tremendos esfuerzos; y a veces inconexas.

Pero como todas mis conversaciones con él, aquella última trato de estructurarla mejor en mi recuerdo:

– Me hubiera gustado hacer mucho más cosas.
– ¿Como cuáles?
– Jugar en un Mundial, triunfar como técnico, sembrar más árboles, escribir un libro, conocer a mis nietos.
– Bueno, tampoco se puede todo.
– Ya ni leer puedo.
– Has leído suficiente.
– Eso nunca es suficiente.

—Sí, es cierto, pero tu nivel de lectura ha sido siempre muy elevado, muy por encima del promedio.

—Lo que no es mucho decir. Pero hablando de eso, quiero pedirte una cosa.

—Dime.

—Por favor prométeme que vas a escribir algo sobre Apolonio, cabrón, después de todo lo que me has platicado de él.

—Te prometo que voy a intentarlo, aunque lo veo muy difícil. Pero además sigo sin entender por qué no te aprendes el nombre: Celedonio.

—Porque está bien pinche raro.

—Pero menos entiendo eso, que hables de nombres raros, como si el tuyo fuera muy normal que digamos.

—No mames, Venustiano es de alcurnia, pendejo.

Ésas son las últimas palabras que recuerdo de mi entrañable amigo, un hombre bueno, inteligente, apasionado, de inagotable conversación en los distintos temas. Un jugadorazo, varias veces seleccionado, a quien por los azares del destino no le tocó participar en una copa del mundo a pesar de ser claramente superior a muchos que sí han jugado en alguna.

Había logrado ser director técnico, pero nunca se consolidó como tal. Si triunfó a plenitud como futbolista, en ese otro rol pasó prácticamente inadvertido durante los cinco o seis esporádicos torneos en los que consiguió dirigir.

Un amigo que murió a los 64 años, lleno de planes y proyectos, siempre entusiasmado con ellos pero también acostumbrado a dejarlos inconclusos. Con la principal excepción, por supuesto, de su brillante carrera como futbolista.

Durante varias semanas, necesarias para asimilar el golpe (con Maru nuevamente como inmejorable ayuda en ese sentido), una y otra vez volvía a mi mente esa última plática con mi gran amigo, la dolorosa despedida, la tenue promesa realizada y mi propio acariciado proyecto, imaginado por primera ocasión hace 40 años, desde mi regreso a Monterrey en 1977.

Desde entonces, entre mis distintas actividades había pensado en innumerables ocasiones en esa posibilidad, en escribir algo sobre la vida y la obra de mi famoso bisabuelo, Celedonio Junco de la Vega; o por lo menos famoso en su lugar y en su época.

Claro, con duraderos lapsos durante los cuales ni él ni su vida ni su obra ni sus cosas ocupaban parte alguna de mis pensamientos, sobre todo cuando mi atención era por completo acaparada por mi esposa, por mis hijos, por mis nueras y mis nietas; por mis papás y mis hermanos. Por mis amigos y mis afanes futboleros.

Pero aunque fuera en momentos aislados, de vez en cuando, a lo largo de esas cuatro décadas seguía rondándome la recurrente idea de escribir algo sobre un personaje valorado por la familia, pero ignorado, olvidado por el resto de la sociedad regiomontana, ya no digamos más allá de ella.

Un fascinante personaje para mí, cercano a mis afectos a pesar de no haberlo conocido porque murió ocho años antes de mi nacimiento, cuando mis papás eran novios, ella casi de 17 años y él a punto de cumplir 19.

Quería contar la historia de Celedonio porque sabía que si no la contaba yo difícilmente la contaría nadie más. Y no me resignaba a dejar a un sobresaliente poeta, bisabuelo mío, sepultado en el olvido del tiempo, junto a tantos otros poetas y escritores en la veterana historia de la literatura; o como ha sucedido con tantos grandes y no tan grandes futbolistas, también sepultados y olvidados en la ya no tan breve historia del balompié.

Quién sabe cómo ni por qué, una y otra vez me pasaba por la cabeza que podía incluso utilizar la vida y la obra de Celedonio como pretexto para comentar algo sobre el futbol, sobre los múltiples encantos de este juego, sobre lo incomprensible de ese menosprecio que hacia el mismo sentía la mayoría de los hombres de letras, de los llamados intelectuales. Menosprecio que probablemente Don Cele hubiera compartido, pero que en los tiempos actuales por fortuna ha dejado de ser mayoritario en el sector intelectual; o por lo menos, de contar dentro de ese círculo con la abrumadora mayoría de antaño.

Pensaba también en la opción de incluir en lo contado una especie de homenaje personal, aunque fuera muy pequeño, para todos esos escritores con cuyas lecturas tanto he disfrutado a lo largo de mi vida, mencionando en esa historia, cuento, novela o lo que fuera, solamente a quienes más me han gustado, a quienes me brindaron al leerlos, en diferentes medidas, en innumerables momentos y bajo distintas circunstancias, ese magnífico alimento para la cabeza, para el corazón y para el alma.

Pensé incluso en utilizar, a veces modificándolas y como parte de ese modestísimo homenaje, algunas de las frases y oraciones que a través de mis lecturas se me han quedado grabadas o son emblemáticas de algunos de mis libros preferidos.

Se me ocurría que podía incorporar a mi amigo Venus, quien pudiera poner en evidencia, con sus intervenciones y respuestas, el origen de algunos de esos dichos, de los menos obvios para los lectores.

No sé si en verdad llegué a creerme capaz de lograr que algunos de esos eventuales lectores descubrieran o confirmaran, a través de mi propia experiencia, de mi propio testimonio, cómo se puede convivir felizmente con el futbol y la literatura, con el deporte y la poesía.

Todo eso lo pensaba cuando en las diversas conversaciones afloraba el tema de mi bisabuelo y la idea pendiente me entusiasmaba, cuando el postergado proyecto volvía a mi mente y me latía. Pero una y otra vez terminaba desanimándome y descartándolo, principalmente por tres motivos.

En primer lugar, por mis propias limitaciones, porque no poseo la capacidad indispensable ni soy dueño de la prosa necesaria para contar decorosamente esa historia.

En segundo, porque con respecto al futbol en realidad ya se ha dicho todo, y no encontraba nada importante como para ser añadido en esa materia en caso de lograr conectarla o relacionarla con mi bisabuelo y sus circunstancias.

Y en tercer lugar, porque por más que preguntara, investigara, le buscara o escudriñara en cuanto lugar se me ocurriera y con cuantas personas lo hiciera, no encontraría nunca la información suficiente sobre Celedonio, sobre Don Cele; para desentrañar lo más importante, lo esencial, no sólo su obra sino también su vida, sus pensamientos y sentimientos con respecto a otros temas y a diversos asuntos. Lo que no está en sus epigramas, en sus sonetos, en sus versos, sus poemas o artículos periodísticos, y tampoco podían saberlo quienes me hablaran o me habían hablado de él; empezando por mi padre.

Me desanimaba porque una y otra vez, inexorablemente, llegaba a la misma conclusión: quizá el único lector interesado en algo como eso que estaba pensando en escribir y contar, sería yo mismo.

Por eso a final de cuentas y reflexiones, después de analizar con calma las ventajas y los inconvenientes, después de mucho buscarle cómo, de darle a la idea de ese proyecto interminables vueltas, y a pesar de mi leve promesa, decidí mejor no escribir nada.

## XXV

En sus últimos 10 años Celedonio se volvió más hogareño que de costumbre, disminuido por una hemiplejia y convencido por los suyos de la necesidad de bajarle a la intensidad de sus quehaceres.

Mantuvo hasta el final su indeclinable disposición para disfrutar el presente, para encontrarle lo mejor a cada uno de sus días, atesorando sus inacabables recuerdos, paladeándolos en esos momentos de ocio cada vez más prolongados; y escribiendo, rimando, jugando a versificar.

Cuando murió ya habían nacido 45 de sus 50 nietos; y también tres de sus bisnietos, para así iniciar una lista de 152, con el 21 reservado para mí.

Algunos de sus nietos lo llamaban Abuelito Cele, o Papá Grande, o Papá Cele, y así siguieron refiriéndose a él. Como 11 de ellos habían alcanzado la mayoría de edad y algunos más se acercaban a ella cuando murió, en mayor o menor medida lograron establecer con él, aunque fuera durante poco tiempo, una relación entre adultos; y por lo tanto lograron conocer una parte más humana tras la fachada del insigne poeta, única visible y festejada por la gente no tan cercana.

Visitado con frecuencia por algunos de esos nietos, por la mayoría de sus hijos y de vez en cuando por sus amigos, Celedonio encontró en su tramo final poco espacio para el aburrimiento, pero contó también con los indispensables momentos de soledad, para estar consigo mismo y sus remembranzas.

Once meses antes de su muerte, en alguno de esos apacibles y placenteros días de tranquilidad, contemplación y reposo, elaboró esta quintilla:

> La mucha edad desmorona
> igual a pobres y ricos;
> por eso mi voz pregona:
> los que cuenta mi persona
> no son años, sino añicos.

Y en uno de sus últimos epigramas, a tres meses de morir, irónicamente se quejaba de sus dificultades para dormir:

> Tiene para mí la vida
> contraste nada halagüeño:
> a más larga la partida
> corresponde menos sueño.

Desde siempre supo burlarse de sí mismo, de su nombre, de su corta estatura, de su precaria situación económica, de los estragos causados en él por los acumulados años.

Así adquiría cierta autoridad moral para burlarse también de su entorno, de las frivolidades de la sociedad regiomontana y su clase alta, de las ostentaciones, las banalidades, de la excesiva preocupación por cubrir las apariencias, de la pobreza en el manejo del lenguaje; para plasmar sobre todo en sus agudos e ingeniosos epigramas lo que a su alrededor le sorprendiera, le apasionara, le conmoviera, le entusiasmara, le molestara o divirtiera.

Quién sabe cómo veía la época en que vivió y las ciudades y sociedades donde le tocó desenvolverse, pero tanto a sus tiempos como a sus lugares supo siempre asumirlos, disfrutarlos y quererlos, como disfrutó y quiso a su numerosa familia, agradecido con quienes le antecedieron y por completo entregado a quienes vinieron después.

A lo largo de su existencia fue irrenunciable, inherente a su propio ser, el profundo respeto por valores fundamentales: el trabajo, la honestidad, la perseverancia, el servicio al prójimo, la búsqueda de la verdad, la unión de la familia, el empeño en ser feliz tratando de hacer felices a los demás.

Para referirse a los momentos finales de su padre, Alfonso escribió lo siguiente:

"Cuando vino su despedida, fue como para diseñarla en un deseo de buen morir. Sin prolongación de congojas, resolvióse en pocas horas, cuando le dejaron recibir con dulce lucidez los auxilios y la visita misma de Dios, llamar a los hijos para acariciarlos y bendecirlos uno a uno, poner en el dedo de la esposa el propio anillo nupcial y dedicarle un último piropo".

Resultaría complicado saber cuánto apreciaría esa "visita misma de Dios" en los postreros instantes, siendo él aparentemente más proclive al agnosticismo aunque siempre respetuoso de las creencias de los demás.

Lo último que Don Cele le dijo a Doña Elisa fue: ¡Qué linda!, cuando sintió inminente el final y lo asumió con resignación y gallardía; para morir con la misma congruencia manifestada en vida, "y ser como ese sol que lento expira: algo muy luminoso que se pierde". Para no morir rulfianamente desmoronándose como si fuera un montón de piedras.

No sé si en su último minuto le haya pasado por la mente toda la película de su vida. Pero si así hubiera sido seguramente habría contemplado extasiado ese minuto y sonreído con la satisfacción del deber cumplido, agradecido con todo lo que le tocó vivir.

Había pasado sus últimos días muy bien acompañado por sus seres más queridos y cercanos, quienes recordarían siempre esos instantes finales ("y con dolientes frases amorosas, al oído le dijimos tantas cosas"), cuando él había insistido en pedir perdón a quienes hubiera ofendido, cuando preguntó si habían abierto alguna ventana porque sentía frío, cuando le preguntaron si se sentía incómodo y solamente respondió:

– Es incómodo morir.

Y después de balbucear algo incomprensible, en los últimos minutos del 3 de febrero de 1948, en Monterrey, a sus 84 años, tres meses y 11 días, murió Celedonio Junco de la Vega, sin imaginar y sin importarle para nada lo que el futbol llegaría a ser 60 ó 70 años después; y sin saber, sin sospechar, sin vislumbrar, sin intuir siquiera, en qué memoria quedaría la suya.

Monterrey, 19-11-16
San Antonio, 17-7-17

Roberto Gómez Junco

El ilustre pigmeo

Made in the USA
Columbia, SC
10 June 2025